JN412229

스쿼시 로그북

SQUASH LOGBOOK
SQUASH LOGBOOK
SQUASH LOGBOOK

저자 김덕진

한국체육대학교 사회체육과(체육학사)
한국체육대학교 대학원 석사(체육학석사)
한국체육대학교 대학원 박사(이학박사)
전) 서울시 대표선수
서울시스쿼시연맹 이사
대한스쿼시연맹 이사
BBQ 스쿼시 실업팀 코치
현) 전국생활체육스쿼시연합회 이사
한국스포츠심리학회 스포츠심리상담사 자격관리위원
한국체육정책학회 편집위원
한국홀리스틱교육학회 총무이사
남서울대학교 운동건강학과 교수

스쿼시 로그북

2012년 8월 25일 초판 인쇄
2012년 8월 30일 초판 발행

지은이 | 김덕진
펴낸이 | 공정자
펴낸곳 | 남서울대학교 출판국
주소 | 충남 천안시 서북구 성환읍 매주리 21번지
전화 | 041) 580-2000
팩스 | 041) 580-2303
홈페이지 | www.nsu.ac.kr
ISBN | 978-89-6324-219-4 (93690)

값 10,000원

스쿼시 로그북

SQUASH LOGBOOK
SQUASH LOGBOOK
SQUASH LOGBOOK

김덕진 지음

남서울대학교 출판국

Preface

그동안 많은 사람들에게 스쿼시란 운동을 가르쳐 왔다. 실업팀 선수에서부터 방과 후 수업에 참여하는 초등학생까지 헤아릴 수 없는 사람들이 나에게서 스쿼시를 배웠다. 지금 역시도 몸담고 있는 남서울대학교에서 전공실기수업으로 스쿼시를 가르치고 있다.

가르치는 사람에게는 공통적인 마음이 있다. 어떻게 하면 잘 가르칠 수 있을까? 좀 더 쉽게 가르치는 방법은 무엇일까? 빨리 배우게 하는 방법은? 등등의 많은 의구심이 그것이다. 저자 또한 그런 생각을 거의 매일 매일 하고 산다. 아마도 잘 못 가르치는 사람이라는 반증이기도 할 것이다. 그래서 '나도 한 번 잘 가르치는 사람이 되어 보자'라는 마음에 이 책을 쓰게 되었다.

이 책에는 그 동안 발간되었던 스쿼시 관련 서적의 이론적 내용과 내가 스쿼시 현장에서 배우고 느꼈던 경험적 내용이 골고루 포함되어 있다. 스쿼시를 처음 접하는 초보자에서부터 공식적인 경기를 준비하는 상급자까지 두루 도움이 될 것이라고 확신한다.

이 책의 특징은 기존의 스쿼시 이론서와는 다르게 실기위주의 일지형식으로 되어 있다는 점이다. 학습과정을 세분화 하여 각 학습과정에 대한 숙달여부를 학습자 스스로 모니터링 할 수 있다는 장점을 가지고 있다. 그리고 동작에 대한 시각화를 편리하게 할 수 있도록 가능한 사진자료를 많이 삽입했다. 책장이 넘어갈 때마다 스쿼시 실력이 나아짐을 스스로가 느낄 것이다.

이 책에 스쿼시의 전부를 실었다고는 생각지 않는다. 나보다 더 잘하고 많이 아는 전문가는 많다. 바라기는 그 분들이 이 책을 보고 가능한 많은 허물을 지적해 주었음 한다. 그게 나와 스쿼시의 발전으로 이어질 테니까.

스쿼시의 발전을 기원하며
저자

Contents

CHAPTER 1

스쿼시의 개요

SQUASH LOGBOOK

SQUASH LOGBOOK

SQUASH LOGBOOK

1. 스쿼시의 역사

1) 외국의 역사

- 19세기 초 영국의 플리트(Fleet) 감옥에서 죄수들의 놀이로 시작. '라켓'이라 부름
- 1830년경 헤로우 스쿨(Harrow School)에서 학생들이 벽에 고무공을 치며 경기를 했는데 오늘날의 정형화된 스쿼시의 시작이라고 함.
- 스쿼시(squash)라는 명칭은 squashish(벽에 공을 치다)에서 유래
- 1907년 미국 스쿼시 라켓 협회 창설
- 1908년 영국의 테니스 라켓 협회에서 산하단체로 활동
- 1911년 캐나다 스쿼시 라켓 협회 창설
- 1920년 영국에서 첫 번째 프로스쿼시 챔피언 대회 개최
- 1923년 공식적으로 부드러운 재질의 공 사용
- 1928년 테니스 라켓 협회에서 분리되어 독자적으로 활동
- 현재의 코트규격은 20세기 초 영국의 베스클럽의 규격을 선택하여 사용
- 1967년 국제 스쿼시 라켓 협회(ISRF)의 첫모임
- 1980년 아시아스쿼시연맹 창설
- 1985년 국제 스쿼시 라켓 협회가 여자 국제 스쿼시 연맹을 흡수
- 1992년 국제 스쿼시 라켓 협회를 세계스쿼시연맹(WSF)으로 개칭
- 현재 116개의 회원국을 가지고 있고 130여개 나라에서 스쿼시를 하고 있음
- 세계올림픽위원회(IOC)의 인가를 받았음
- 1998년 아시안 게임 정식종목 채택
- 2009년 동아시아스쿼시연맹 창설
- 올림픽 정식 종목을 위해 노력 중

2) 한국의 역사

- 1980년대 중반 주한 외국인을 위한 전용 클럽과 몇몇 호텔에서 투숙객들의 편의시설로 소개됨
- 1989년 김원관, 최인수, 조규성이 한국스쿼시볼협회(KSA) 창설
- 1992년 대한스쿼시연맹(KSF)으로 명칭 변경
- 1993년 세계스쿼시연맹 회원국 가입
- 1993년 아시아스쿼시연맹 회원국 가입
- 1998년 대한체육회에 인정종목 경기단체 승인
- 2002년 제14회 부산아시안경기 여자부 동메달 획득
- 2003년 대한체육회 정가맹 경기단체 승인
- 2003년 제85회 충청북도 전국체육대회 시범종목 채택
- 2006년 해외지부(뉴질랜드, 홍콩) 창립
- 2007년 전국대학스쿼시연맹 창립
- 2007년 대한민국 최초의 스쿼시 실업팀(BBQ) 창단
- 2010년 제16회 광저우아시안경기 여자부 단체전 동메달 획득

2. 스쿼시 장점과 효과

- 남녀노소 누구나 운동량을 조절하여 즐길 수 있다.
- 타운동과 비교해 볼 때, 짧은 시간동안 최대의 에너지 소모량을 가지고 있다 (분당 15Kcal : 크로스컨트리 수준)
- 실내 운동이므로 날씨의 영향을 받지 않는다.
- 전신운동이며 근력, 지구력, 유연성, 민첩성, 순발력, 협응력, 평형성, 반응속도 등 체력증진 효과가 크다.

- 스트레스 해소 효과가 탁월하다.
- 간편한 운동용구와 복장으로 손쉽게 참여할 수 있다.
- 상대와의 전술경기를 통해 지능 감각을 만족시켜 준다.
- 엄격한 경기규정으로 상대를 존중할 줄 아는 스포츠맨십과 페어플레이정신을 배울 수 있다.

3. 스쿼시 코트 및 용구

(1) 스쿼시 코트

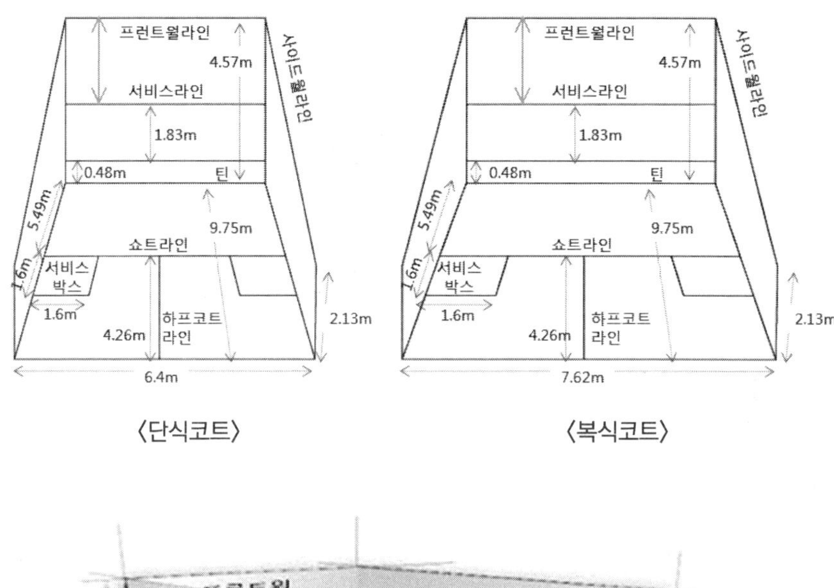

〈단식코트〉 〈복식코트〉

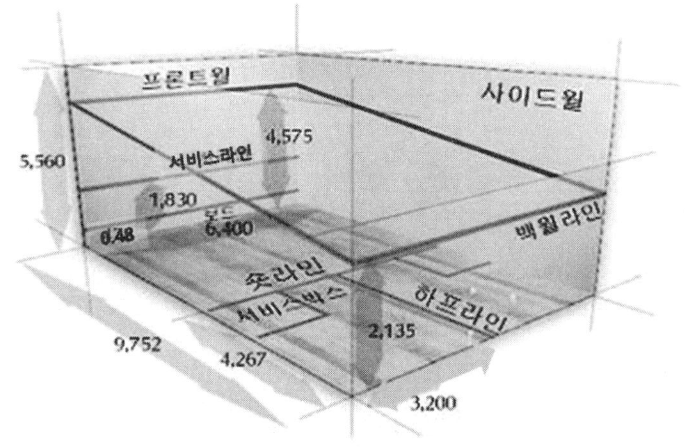

(2) 라켓

초창기의 스쿼시 라켓은 나무를 주재료로 사용해 동물의 창자를 줄(gut)로 사용했지만, 현재는 그라파이트 등의 합성수지를 사용하고 있다. 라켓의 소재는 글라스화이바, 그라파이트, 보론, 케플러, 알루미늄 등이 사용되고 있다. 라켓의 무게는 160g~250g정도지만, 최근에는 티타늄 소재의 라켓이 개발되면서 100g~120g정도의 경량의 라켓이 보급되고 있다. 라켓의 총길이는 68.5cm이며, 구조는 손잡이 부분인 그립(grip), 헤드와 그립을 중간부분인 넥(neck) 그리고 공을 칠 때의 임팩트 면이 되는 헤드(head)로 구성되어 있다.

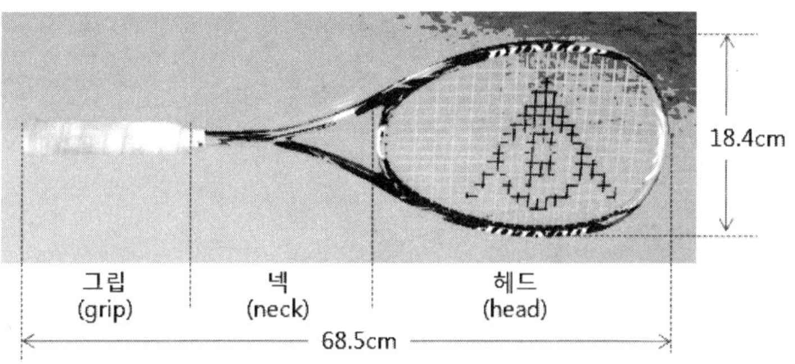

(3) 공

공은 표면이 무광택 고무 재질로 이루어져 있으며, 검은색 계통으로 표준 규격은 직경이 3.95cm~4.15cm, 무게는 23.3g~24.6g이다. 공은 표면에 표시된 점 색깔에 따라 노란색, 흰색, 빨간색, 파란색의 4종류로 구분된다. 표시된 색깔에 따라 탄성에 차이가 있으며, 같은 높이에서 4종류의 공을 자유낙하 시켜보면, 그 차이를 쉽게 알 수 있다. 파란색이 가장 탄성이 좋으며 초보자나 연습용으로 사용한다. 노란색은 가장 탄성이 낮으며 경기용으로 사용된다. 자신의 훈련수준과 경기 스타일에 따라 선택할 수 있다. 스쿼시 공은 속이 비어있기 때문에 강하게 칠수록 내부 공간의 온도가 올라가고 팽창해 탄성이 좋아진다.

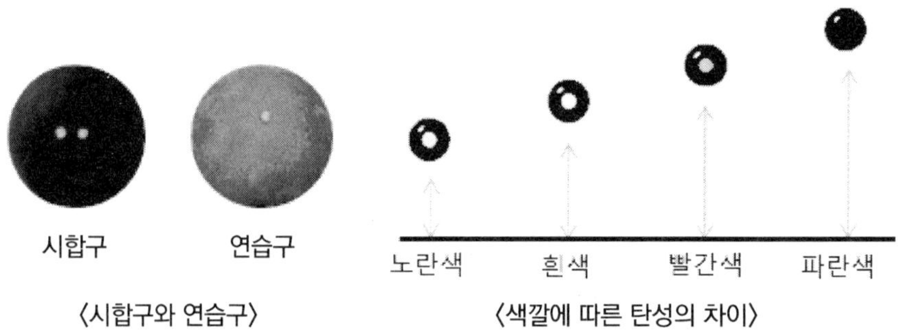

〈시합구와 연습구〉 〈색깔에 따른 탄성의 차이〉

(4) 운동복

스쿼시는 격렬한 운동이므로 땀이 많이 난다. 따라서 땀을 잘 흡수하고 배출하는 기능성 옷을 선택한다. 또한 실내에서 하는 운동이기 때문에 가급적이면 남성은 반팔에 반바지를, 여성은 반팔에 치마를 입을 것을 권장한다. 스쿼시가 영국에서 유래된 운동이라 전통적으로 칼라(collar)가 있는 상의를 입는 경우가 많다. 하지만 점차로 그러한 전통이 사라지고 있다. 만약 시합을 한다면 워밍업을 위해서 땀복을 준비하는 것이 좋다.

(5) 신발

스쿼시 전용화를 준비하는 것이 제일 좋다. 스쿼시는 민첩성과 순발력이 매우 중요한 운동이기 때문에 신발의 중요성이 매우 크다. 스쿼시 전용화는 발목 관절의 가동범위를 방해하지 않도록 목이 짧고 미끄러지지 않도록 바닥(밑창)이 생고무로 제작되어 있다. 밑창의 색깔이 유색일 경우 코트에 자국이 남게 되므로 반드시 스쿼시 전용화를 신도록 한다.

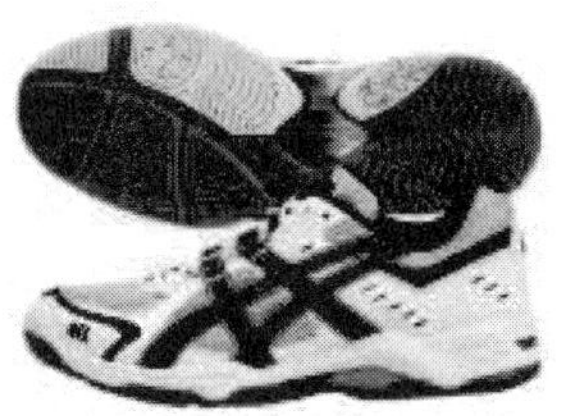

(6) 줄

줄은 거트(gut) 혹은 스트링(string)이라 한다. 줄이 라켓의 양 끝을 잡아당기는 힘을 텐션이라 부르는데 텐션은 자신의 플레이 스타일에 맞춰서 조절할 수 있다. 공격형이라면 강하게, 수비형 혹은 기교형이라면 약간 느슨하게 맨다. 이러한 차이는 타구를 할 때 공이 줄에 머물러 있는 시간이 달라지기 때문에 발생한다. 대체로 24~28파운드 정도의 텐션이 적당하다.

(7) 보호안경(고글)

공식 대회의 경우 만 18세 미만인 자는 의무적으로 착용해야 하며 18세 이상은 자신의 필요에 따라 착용을 선택할 수 있으나 복식경기에서는 의무적으로 착용하도록 되어 있다. 고체 폴리카보네이트(합성수지의 일종)로 만들어진 것을 선택한다. 시력이 나쁜 사람은 스포츠 안경이나 안경위에 덧쓰는 보안경 착용을 권장한다. 많은 사람들이 불편함(김서림 등)을 이유로 고글 착용을 꺼려한다. 하지만 스쿼시 볼이나 라켓이 눈에 맞았을 경우 심각한 부상을 초래할 수 있으므로 안전을 위해서라도 고글 착용을 권장한다.

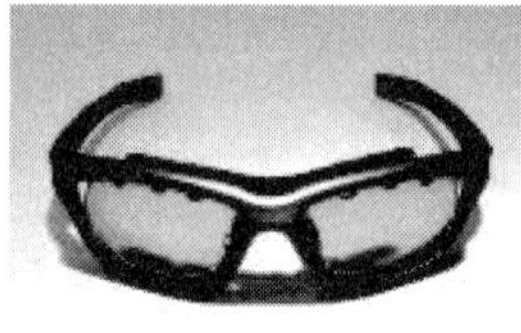

(8) 렙(wrap)

통상적으로 오우버그립(over grip)이라 하는데 정확한 명칭은 렙(wrap)이다. 손이나 팔에서 나는 땀을 흡수하여 미끄럼을 방지하기 위해서 사용한다. 수시로 갈아주어 그립과의 친밀성을 높여주어야 원하는 샷을 구사할 수 있다. 타올형과 웻(wet)형이 있으며 취향에 맞춰 사용한다.

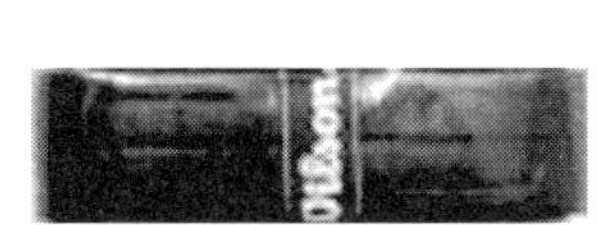

4. 스쿼시 매너

모든 스포츠에는 스포츠맨십이 존재하듯이 스쿼시도 매너와 규칙을 매우 중시한다. 다른 라켓 종목과 다르게 스쿼시는 한 코트 내에서 두 명이 격렬하게 움직이며 스트록을 하기 때문에 신체적인 접촉에 의해서나 라켓 혹은 공에 의해서 부상을 입을 가능성이 크다. 따라서 스쿼시를 재밌게 하기 위해서는 스쿼시 자체를 잘 하는 것도 중요하지만 매너와 규칙을 잘 지키는 것이 더욱 중요하다.

- 경기의 순서를 대기판에 적거나 라켓을 세워서 정한다.
- 개인적으로 운동을 약속했으면 상대방보다 먼저 코트에서 기다린다.
- 코트에 들어가자마자 경기를 시작할 수 있게끔 준비운동은 코트 밖에서 미리 충분히 해 둔다.
- 경기를 시작할 때와 끝마칠 때 악수로 인사를 나눈다.
- 경기 중에 감정이 격해지더라도 욕을 해서는 안 되며 특히 라켓을 집어던져서는 안 된다.
- 상대 선수의 안전을 최우선으로 한다.
- 경기 중에 공은 가까이 있는 사람이 주워서 손에서 손(hand to hand)으로 건네준다.
- 상대방이 멋진 샷을 구사해서 득점했을 경우 "굿샷"이라고 해준다.

- 심판이 없을 때는 서버가 점수를 부르고 난 후 서비스를 하고 양심적으로 콜을 한다. 애매할 때는 상대방에게 유리하게 한다.
- 만약 신체적 접촉, 벽에 부딪힘, 공이나 라켓에 맞는 등의 상황이 발생되어 경기가 중단될 경우 당사자에게 "괜찮습니까?"라고 묻고 난 후 경기를 진행한다.
- 게임 중에 응급상황이 아니면 경기장 밖으로 나가지 않는다.
- 게임 중에 신체에 이상이 생기면 상대방이 오래 기다리지 않도록 경기 지속여부를 빨리 결정한다.
- 게임이 끝나면 심판에게 수고했다는 인사와 함께 악수를 한다.
- 스쿼시 경기에 있어서 끝까지 최선을 다하는 것이 미덕이다.
- 게임을 관람하고 있을 때 내가 응원하지 않는 선수일지라도 멋진 샷을 했을 때는 박수로 응원해 준다.
- 뭐니 뭐니 해도 스포츠맨십을 발휘하여 페어플레이를 하는 것이 제일 중요하다.

5. 스쿼시의 경기방법

1) 단식경기

단식경기는 11점 5게임 3선승제(국제공인대회) 또는 3게임 2선승제로 이루어진다. 한 게임은 11점을 먼저 획득하는 선수가 이기게 되며, 서브권에 상관없이 랠리에서 이기면 포인트를 얻게 되는 포인트 어 랠리(point a rally) 스코어링 방식으로 진행된다. 또한 랠리에서 지게 되면 실점과 함께 서비스권도 상대에게 넘어간다.

서비스를 넣고 득점하면 반드시 반대편 서비스 박스에서 서비스를 넣어야 한다. 리시브를 한 선수가 득점을 하게 되어 서비스권을 빼앗아 온 경우에는 양쪽 서비스 박스 어느 곳에서나 서비스를 해도 무관하다. 경기 중 점수가 10:10이 된 경우(세팅)에는 한 선수가 먼저 2점 차이를 낼 때까지 경기를 계속 진행한다.

2) 복식경기

복식경기장은 단식경기장보다 폭만 1.22m가 더 클 뿐 모든 규격이 같다. 점수제는 15점제와 11점제가 있으며, 5게임 3선승 또는 3게임 2선승으로 이루어진다. 단, 국제경기는 11점 3전 2선승제로 진행된다. 한 게임은 11점(또는, 15점)을 먼저 획득하는 팀이 이기게 되며 서브를 하는 팀이나 받는 팀 모두 랠리에서 이기면 포인트를 얻게 되는 포인트 어 랠리 스코어링 방식으로 진행된다. 11점제 경기는 점수가 10:10인 경우 11점을 먼저 획득한 팀이, 15점제 경기는 점수가 14:14인 경우 15점을 먼저 획득한 팀이 승리하게 된다.

서비스권은 팀당 한 번씩 기회가 주어진다. 예를 들어, 경기시작 후 첫 서비스를 A팀 1번이 넣고 실점을 하면 B팀 1번이 서비스를 넣게 된다. B팀 1번이 서비스를 넣고 실점을 하면 A팀 2번이 서비스를 넣게 되고 다음엔 B팀 2번이, 다음엔 다시 A팀 1번 순서로 교대된다.

■ 서비스권 순환의 예

A팀 1번	→	B팀 1번	→	A팀 2번	→	A팀 2번	→	B팀 2번	→	A팀 1번
	실점 H.O		실점 H.O		득점 H.I		실점 H.O		실점 H.O	

서비스 박스의 선택은 단식경기와 동일하다.

서비스 이후 랠리는 누가 스트로크해도 상관없으며, 상대 선수들과 계속적으로 번갈아가며 어떤 방법으로든 단식경기처럼 앞 벽의 유효면을 맞추면 된다.

6. 경기를 위한 기본 규칙

- 경기 직전 선수들에게는 5분간의 코트 내 워밍업을 허용하며, 2분 30초가 지나면 사이드를 바꿔준다. 선수 간 합의하에 같은 사이드에서 워밍업을 할 수 있다.
- 워밍업 중 심판이 "타임!(경기 시작)"이라는 신호를 보내면 서로 인사를 나눈 후 두 선수 중 한 명이 라켓을 세운 상태(헤드가 바닥 방향)로 팽이처럼 돌린다. 라켓이 돌다가 바닥에 누우면 미리 결정해 놓은 방향에 따라 서비스권이 결정된다. 대게 라켓 그립 밑 부분의 브랜드 마크가 똑바로 된 쪽을 업(up), 거꾸로 된 쪽을 다운(down)으로 칭하고 라켓을 돌리기 전에 정해둔다.
- 모든 게임과 게임 사이에는 90초간의 휴식 시간이 허용된다.
- 서브를 할 때에는 두 발 중 한 발은 반드시 서비스박스 안에 두어야 하며, 라인을 밟아서는 안 된다.
- 라인에 맞는 모든 볼은 아웃으로 처리되어 서브권을 빼앗기거나 실점하게 된다.

1) 서비스 반칙 및 실패

- 서비스박스 안에 있던 한쪽 발이 볼을 치기 전에 박스를 벗어난 경우
- 서비스박스 라인에 한쪽 발이 닿았거나 벽에 닿는 경우
- 서브한 볼을 상대 서비스코트 안에 바운드시키지 못했거나 라인을 맞춘 경우
- 볼이 서비스라인 아래와 아웃라인 위, 틴에 맞거나 경기장 밖으로 나가는 경우
- 서브한 볼이 앞 벽을 맞기 전에 옆벽을 먼저 맞는 경우

- 서비스 다음부터는 아웃라인 위와 틴(tin) 이외에 어느 벽을 이용해도 상관없으나, 리턴된 볼은 반드시 앞 벽의 유효면에 맞아야 한다.

- 리시버가 서브된 볼을 정상적으로 받아쳤을 경우, 같은 방법으로 서로 번갈아 가며 치면 된다.
- 볼은 바닥에 한번만 바운드될 수 있다. 볼이 바닥에 맞는 것만 바운드로 인정한다.
- 한 번의 스트로크만이 허용된다.
- 경기 중에는 두 선수 모두 랠리를 위해 T-지역(코트 가운데부분)으로 돌아가는 데만 집중하기 때문에 때로는 상대의 진로를 방해하게 된다. 만일 방해 행위가 어쩔 수 없는 경우였다면 '렛'으로 인정돼 랠리는 다시 재개되지만, 고의성이 인정되면 '스트로크'가 인정돼 실점하게 된다. 특히, 육체적 접촉뿐만 아니라, 상대 선수로 인해 스윙마무리가 제대로 되지 않은 경우도 방해 행위로 간주한다. 그러나 볼을 칠 수 있었음에도 불구하고 방해 행위만을 주장하는 것은 정당성을 객관적으로 인정받을 수 없으며, 볼을 적극적으로 치려는 의지를 보였을 경우에 발생하는 방해 행위에 대해서는 인정받을 수 있다.

여기서 잠깐 **스트록과 렛**

■ **스트록(stroke)**

스쿼시 경기는 매우 격렬하기 때문에 상대의 시야를 보장하고 볼에 자유롭게 접근할 수 있는 공간을 확보해 주어야만 서로의 안전을 보장받을 수 있게 된다. 따라서 상대의 공격적인 랠리를 고의로 방해한 경우에는 '스트로크'가 선언되며, 서브권이 넘어가거나, 실점하게 된다. 또한, 다음과 같은 상황에는 '스트로크'를 요구할 수 있다.

- 우세한 경기를 상대의 방해로 중단했을 경우
- 상대선수가 볼의 진행방향에 서 있는 경우
- 볼의 진행방향과 관계없이 고의성 있게 상대를 볼이나 라켓으로 맞춘 경우

이러한 사항에 대한 모든 결정은 절대적으로 심판의 판단에 의해 이루어진다.

■ **렛(let)**

안전한 랠리를 위해 상대에게 위협이 되거나, 어쩔 수 없이 방해를 하게 된 경우 '렛'이 선언되며, 랠리는 다시 진행된다. 선수는 스트로크를 방해받는 어떤 경우에도 경기를 멈추고 심판에게 '렛'을 요구할 수 있다. 그러나 경기를 계속하려는 시도를 했다면 인정되지 않는다. 또한 다음과 같은 상황에는 '렛'이 선언된다.

- 상대방의 부상이 우려되는 경우
- 리시버가 준비되지 않은 상태에서 서브를 한 경우
- 볼이 경기 중에 파손된 경우

이러한 결정은 절대적으로 심판의 판단에 의해 이루어진다. 그러나 주심이 없는 경기에서는 두 선수가 합의해야 한다.

■ **기타 방해 행위**

다음과 같은 내용은 심판의 적절한 제재를 받게 된다.

- 정도를 넘는 코치의 지도
- 제시간에 코트에 입장하지 않는 경우
- 고의적이고 위험한 행동
- 시간 낭비 및 지연 등 · 언어적 · 신체적 폭력
- 사소한 시비
- 판정에 대한 과도한 어필
- 위협을 주는 스윙서비스

2) 실점

- 서비스 시 리시버가 투(two) 바운드되기 전에 볼을 앞벽에 맞추지 못했을 경우
- 리턴한 볼이 앞벽에 맞기 전에 바닥에 먼저 맞았을 경우
- 리턴한 볼이 규정 라인을 벗어나 벽에 맞았을 경우
- 고의적으로 상대의 플레이를 방해했을 경우
- 자신이 친 볼에 자신이 맞았을 경우나, 상대 플레이어 시야를 완전히 가렸을 경우
  - 서비스권을 얻은 선수는 최초 서비스 시 서비스박스를 임의로 선택해(좌측 또는 우측) 실시할 수 있다.
  - 첫 게임 이후, 게임들의 첫 서비스는 이전 게임 승자가 한다.
  - 경기자의 부상이 발생되면 다음과 같은 사항을 구분해야 한다.
- 자신에 의한 부상일 경우 : 최대 3분의 회복 시간을 허용한다. 부상 정도에 따라 회복 시간이 더 필요하면 다시 회복 시간을 허용한다. 부상당한 경기자는 플레이를 지속하거나 매치를 인정한다.
- 상대 선수에 의해 사고로 발생된 부상의 경우 : 회복에 필요한 적절한 시간을 허용하고, 회복에 많은 시간이 필요하다면 시합 대진표에 따라 경기 연장이 가능하다. 부상당한 경기자는 플레이를 지속하거나 매치를 인정한다.
- 상대 선수의 고의적이고 위험한 행동에 의한 부상 : 상대에게 부상을 입힌 선수는 경기 참가 자격을 잃게 된다. 또한 부상의 정도가 심한 경우에도 심판의 권한에 의해 경기에서 패할 수 있다. 부상당한 경기자가 피를 많이 흘리는 경우 경기를 중단한다.
  - 근육 피로에 의한 근육경련은 부상에 포함되지 않으며, 경기를 계속 진행할 수 없을 경우, 근육경련이 일어난 경기자는 게임 또는 매치를 인정해야 한다.
  - 샷을 위한 최선의 노력이 보이지 않으면 방해가 인정되지 않는다.
  - 자신의 실수로 인한 방해는 인정받지 못한다.

- 상대 선수가 진로를 막았다 해도, 칠 수 없는 볼로 판단되면 방해가 인정되지 않는다.
- 볼 파열은 누구의 실수도 아니기 때문에 '렛'이 선언된다.
- 자신의 라켓이 부러지거나 신발이 벗겨져 상대방에게 방해가 발생한 경우 실수가 인정되어 스트로크를 당하게 된다.
- 서브 각도가 커서 상대 서비스코트에서 볼을 리턴하는 경우 정상적으로 플레이가 진행된다. 만약, 리턴을 하지 않으면 '렛'이 선언되어 다시 원위치에서 경기가 진행된다.
- 볼이 경기장내 어떠한 장애물에 맞아 불규칙한 바운드가 발생한 경우 경기는 계속 진행된다.
- 모든 외부작용으로 인한 경기중단은 '렛'이 선언된다.

CHAPTER 2

스쿼시 기술의 기초

SQUASH LOGBOOK

SQUASH LOGBOOK

SQUASH LOGBOOK

1. 그립잡기

라켓을 올바르게 잡는 것은 완벽한 스트로크를 구사할 수 있는 중요한 기초이다. 그립을 잡을 때는 라켓을 자신의 몸통 가운데 두고 손잡이부분을 악수하듯이 가볍게 잡는다. 손잡이를 잡을 때는 엄지와 검지가 만들어내는 V자 모양의 꼭지점이 그립의 왼쪽 모서리선(라켓을 밑에서 봤을 때 10시 방향)과 일치되도록 한다(사진1, 3). 검지와 중지는 손가락 하나정도 간격을 유지한다(사진2). 엄지는 중지위에 올라가게 잡고(사진4) 라켓과 팔의 각도는 100°~120°정도가 되도록 손목을 콕(cock)시킨다(사진3). 스쿼시는 유사 라켓종목과 달리 포핸드와 백핸드 그립을 구분하지 않고 한 방법을 사용하는 데, 이 방법을 '컨티넨탈 그립'이라 한다. 경기진행 중에는 틈틈이 그립을 쥐고 있는 손의 긴장을 풀어 올바른 그립을 유지하도록 하는 것이 좋다.

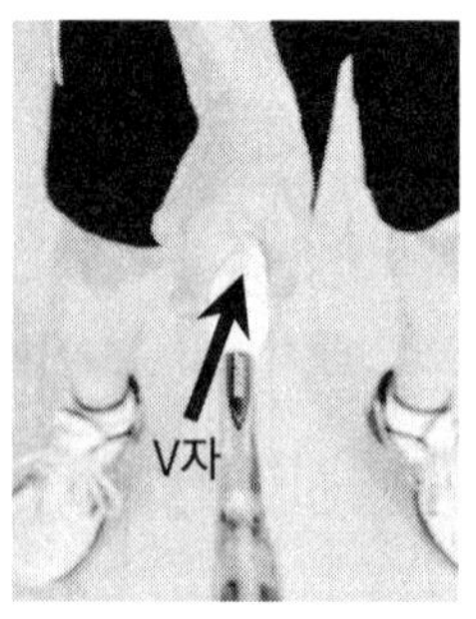

위에서 본 모습(사진1)

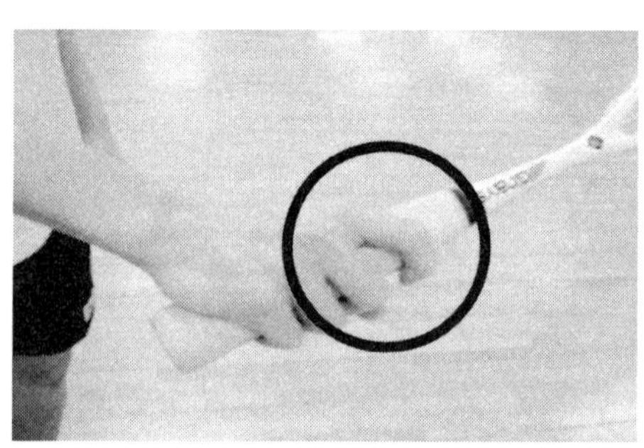

옆에서 본 모습(사진2)

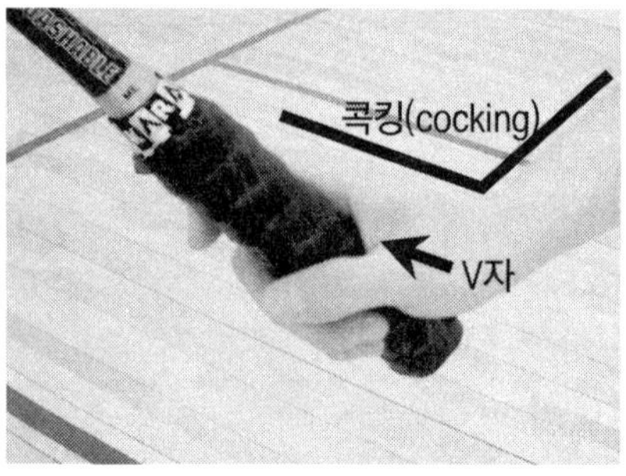

옆에서 본 모습(사진3)

밑에서 본 모습(사진4)

■ 체크리스트 - 그립잡기　　　　년　월　일　시 ~　시

항목	평가
1. 엄지와 검지 사이에 V자가 만들어졌는가?	YES □　NO □
2. 만들어진 V자의 꼭지점이 라켓을 밑에서 봤을 때 그립의 10시 방향에 맞춰져 있는가?	YES □　NO □
3. 중지와 검지가 손가락 하나정도 떨어져 있는가?	YES □　NO □
3. 부드럽게 쥐어졌는가?	YES □　NO □
4. 안정감이 느껴지는가?	YES □　NO □
5. 그립을 보지 않고 느낌만으로 제대로 쥘 수 있는가?	YES □　NO □
잘된 점	
잘 안된 점	
자신에게 한마디	

2. 공 다루기

스쿼시 기술을 익히기에 앞서 라켓으로 공을 다루는 연습이 이루진다면, 공을 다루는 감각과 스쿼시에 대한 흥미를 유발하는 데 도움이 된다. 라켓으로 공을 다루는 연습은 여러 가지로 고안해 연습할 수 있지만, 대표적으로 라켓으로 공 튕기기, 드리블하기, 근거리 벽치기 등이 있다.

연습내용	유의사항
공 튕기기	• 라켓면을 수평으로 잘 유지한다. • 배꼽높이에서 임팩트를 시키도록 한다. • 손목이 고정되도록 긴장시킨다. • 일정한 공높이를 유지하도록 한다. • 일정한 장소에서 안정된 토스가 되도록 한다.
드리블	• 라켓을 이용해 공을 드리블한다. • 라켓면을 수평으로 잘 유지해 임팩트한다. • 일정한 세기로 임팩트한다. • 허리 높이에서 임팩트한다. • 그립을 견고하게 유지한다. • 라켓가운데 임팩트가 되도록 한다.
근거리 랠리	• 벽과 1~2m를 유지한다. • 포핸드와 백핸드를 이용해 바운드된 공을 벽에 쳐 랠리를 이어간다. • 일정한 강도로 공을 쳐 낸다. • 공의 위치에 따라 위치의 변화를 준다.

■ 체크리스트 – 공 다루기　　　　년　월　일　시 ~　시

항목			평가
공 튕기기	1. 그립을 제대로 쥐고 있는가?	forehand	YES □ NO □
	2. 높이를 스스로 조절할 줄 아는가?	backhand	YES □ NO □
		forehand	YES □ NO □
	3. 연속해서 30개가 가능한가?	backhand	YES □ NO □
		forehand	YES □ NO □
	4. 공에 스핀을 줄 수 있는가?	backhand	YES □ NO □
		forehand	YES □ NO □
	5. 걷거나 뛰면서 할 수 있는가?	backhand	YES □ NO □
		forehand	YES □ NO □
드리블	1. 임팩트에 맞춰 스냅을 줄 수 있는가?	backhand	YES □ NO □
		forehand	YES □ NO □
	2. 연속해서 20개가 가능한가?	backhand	YES □ NO □
		forehand	YES □ NO □
	3. 드리블의 세기가 일정한가?	backhand	YES □ NO □
		forehand	YES □ NO □
	4. 걷거나 뛰면서 할 수 있는가?	backhand	YES □ NO □
		forehand	YES □ NO □
근거리 랠리	1. 그립을 제대로 쥐고 있는가?	backhand	YES □ NO □
		forehand	YES □ NO □
	2. 손목이 코킹된 상태로 고정되어 있는가?	backhand	YES □ NO □
		forehand	YES □ NO □
	3. 무릎이 구부러져 있는가?	backhand	YES □ NO □
		forehand	YES □ NO □
	4. 타점이 일정한가?	backhand	YES □ NO □
		forehand	YES □ NO □
	5. 연속으로 20번 할 수 있는가?	backhand	YES □ NO □
		forehand	YES □ NO □
		backhand	YES □ NO □

잘된 점
잘 안된 점
자신에게 한마디

3. 준비자세

스쿼시 경기에서 준비자세는 코트에서의 민첩한 움직임과 올바른 스트로크를 위한 중요한 기초가 된다. 라켓을 자연스럽게 쥐고 라켓의 헤드부분을 가슴위쪽에 바로 세운다. 이때 라켓헤드의 높이는 자신의 시야를 가리지 않을 정도의 얼굴높이로 한다. 양발은 어깨넓이 정도로 유지하고 두 무릎과 상체는 약간 웅크려 중심을 낮춘다. 시선은 앞쪽을 향하고, 왼손은 자연스럽게 허리 아래쪽으로 편하게 늘어뜨린다.

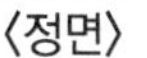

〈정면〉

〈측면〉

〈하체〉

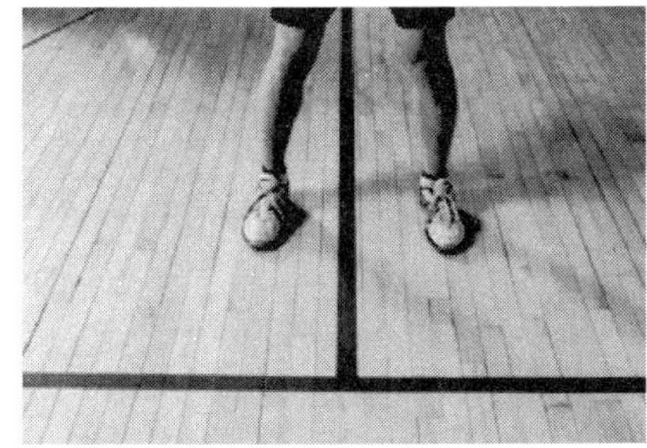

〈기본 스탠스〉

- 기본 스탠스이다
- 양쪽 발에 체중을 고루 분포시킨다.
- 무릎을 약간 구부려 준비한다.
- 뒷꿈치를 약간 가볍게 한다.
- 어느 방향으로든 이동이 가능하게 한다.

〈오른쪽 스탠스〉

- 상대방이 코트의 오른쪽에서 샷을 구사할 때 서는 스탠스이다.
- 오른발을 약간 뒤쪽으로 둔다.
- 양발은 약간 비스듬히 한다.
- 무릎을 구부려 준비한다.
- 뒷꿈치를 약간 가볍게 한다.

〈왼쪽 스탠스〉

- 상대방이 코트의 왼쪽에서 샷을 구사할 때 서는 스탠스이다.
- 왼발을 약간 뒤쪽으로 둔다.
- 양발은 약간 비스듬히 한다.
- 무릎을 구부려 준비한다.
- 뒷꿈치를 약간 가볍게 한다.

■ 체크리스트 – 준비자세 　　　　년 월 일 시 ~ 시

항목	평가
1. 그립을 제대로 쥐고 있는가?	YES □ NO □
2. 손목의 코킹이 이루어져 있는가?	YES □ NO □
3. 무릎은 살짝 구부려져 있는가?	YES □ NO □
4. 체중이 앞꿈치쪽으로 실려 있는가?	YES □ NO □
5. 시선은 공을 향하고 있는가?	YES □ NO □
잘된 점	
잘 안된 점	
자신에게 한마디	

4. 포핸드/백핸드 스트로크(fore/backhand stroke)

스트로크는 라켓 운동에서 가장 기본적인 기술로써 공을 치는 것 자체를 말한다. 공이 바닥에 바운드되어 무릎 높이 정도로 튕겨 올라오면 스피드 있고 강하게 앞벽을 향해 샷을 한다. 아래의 그림은 포핸드 스트로크의 부분 동작이다.

1) 포핸드 스트로크

〈백스윙〉 〈다운스윙〉 〈임팩트〉

〈팔로우 스루〉

포핸드 스트로크 부분동작

동작 구분	유의사항
백스윙	• 라켓을 뒤로 충분히 빼 올린다. • 중심을 뒤쪽으로 옮긴다. • 무릎을 구부려 중심을 낮춘다. • 공을 주시한다. • 손목을 과도하게 긴장시키지 않는다.
다운스윙/임팩트	• 큰 원을 그리며 스윙을 시작한다. • 라켓의 임팩트 면을 잘 살린다. • 중심을 앞쪽으로 옮긴다. • 라켓 헤드를 바닥으로 떨어드리지 않는다. • 스윙시작 이후 라켓은 수평경로를 유지한다. • 공에 대한 집중을 잃지 않는다. • 임팩트 후 공의 진행방향을 따라 라켓을 더 밀어 보낸다.
팔로우 스루	• 중심을 완전히 앞쪽으로 옮긴다. • 중심을 잃지 않도록 견고히 유지한다. • 라켓의 회전력을 이용해 가슴으로 자연스럽게 안는다. • 스윙이 마무리되면 디딤발이 원래 위치로 돌아와서 준비자세를 취한다.

■ 체크리스트 - 포핸드 스트로크 년 월 일 시 ~ 시

항목		평가
백스윙	1. 라켓을 밑에서 뒷방향으로 드는가?	YES □ NO □
	2. 라켓을 높이 드는가?	YES □ NO □
	3. 중심이동이 이루어지는가?	YES □ NO □
	4. 반대쪽 팔로 몸의 밸런스를 유지하고 있는가?	YES □ NO □
	5. 디딤발을 정확히 디디는가?	YES □ NO □
	6. 공을 잘 주시하는가?	YES □ NO □
다운스윙/임팩트	1. 팔꿈치가 라켓 헤드를 이끌고 내려오는가?	YES □ NO □
	2. 다운스윙시 손목에 코킹이 형성되는가?	YES □ NO □
	3. 라켓이 누워서 바닥과 수평을 이루는가?	YES □ NO □
	4. 디딤발 앞에서 정확히 임팩트가 이루어지는가?	YES □ NO □
	5. 임팩트시 손목의 코킹이 잘 유지되는가?	YES □ NO □
	6. 임팩트시 라켓이 열려 있는가?	YES □ NO □
	7. 공을 잘 주시하고 있는가?	YES □ NO □
팔로우스루	1. 라켓을 끝까지 밀어보내는가?	YES □ NO □
	2. 중심유지가 잘 되고 있는가?	YES □ NO □
	3. 라켓이 과도하게 돌지 않는가?	YES □ NO □
	4. 디딤발이 원래 준비자세로 돌아오는가?	YES □ NO □

잘된 점
잘 안된 점
자신에게 한마디

2) 백핸드 스트로크

백핸드 드라이브는 포핸드 드라이브와 달리 많은 연습과 훈련을 통해 스윙동작을 익힐 필요가 있다. 특히, 포핸드의 경우는 일상에서의 많은 동작(던지기, 때리기 등)이 포핸드와 유사해 전이효과를 통해 쉽게 익힐 수 있지만, 백핸드의 경우는 생소한 동작이며, 스쿼시 코트에서의 벽과 벽의 공간에서 실행해 낼 수 있는 독특한 메커니즘을 숙련시켜야만 원활한 스트로크가 가능해 진다.

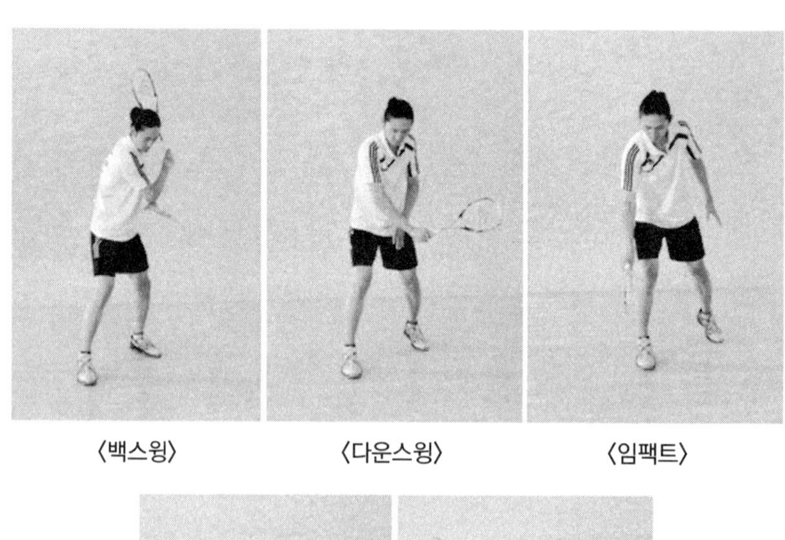

〈백스윙〉 〈다운스윙〉 〈임팩트〉

〈팔로우 스루〉

백핸드 스트로크 부분동작

동작 구분	유의사항
백스윙	• 라켓을 목뒤로 충분히 빼 올린다. • 어깨와 허리를 충분히 비튼다. • 중심을 뒤쪽으로 옮긴다. • 무릎을 구부려 중심을 낮춘다. • 공을 주시한다. • 손목을 과도하게 긴장시키지 않는다.
다운스윙/임팩트	• 큰 원을 그리며 스윙을 시작한다. • 라켓의 임팩트 면을 잘 살린다. • 중심을 앞쪽으로 옮긴다. • 라켓 헤드를 바닥으로 떨어드리지 않는다. • 스윙시작 이후 라켓은 수평경로를 유지한다. • 공에 대한 집중을 잃지 않는다. • 임팩트 후 공의 진행방향을 따라 라켓을 밀어 보낸다.
팔로우 스루	• 중심을 완전히 앞쪽으로 옮긴다. • 중심을 잃지 않도록 견고히 유지한다. • 라켓의 회전력을 이용해 앞쪽을 향해 충분히 뻗어 낸다. • 라켓이 허리나 등 뒤까지 돌아가지 않게 한다.

체크리스트 - 포핸드 스트로크 　　　　년 월 일 시 ~ 시

항목		평가
백스윙	1. 라켓을 밑에서 뒷방향으로 드는가?	YES □ NO □
	2. 라켓을 높이 드는가?	YES □ NO □
	3. 어깨가 충분히 턴이 되었는가?	YES □ NO □
	4. 중심이동이 이루어지는가?	YES □ NO □
	5. 디딤발을 정확히 디디는가?	YES □ NO □
	6. 공을 잘 주시하는가?	YES □ NO □
다운스윙/임팩트	1. 팔꿈치가 라켓 헤드를 이끌고 내려오는가?	YES □ NO □
	2. 다운스윙시 손목에 코킹이 형성되는가?	YES □ NO □
	3. 라켓이 누워서 바닥과 수평을 이루는가?	YES □ NO □
	4. 디딤발 앞에서 정확히 임팩트가 이루어지는가?	YES □ NO □
	5. 임팩트시 손목의 코킹이 잘 유지되는가?	YES □ NO □
	6. 임팩트시 라켓이 열려 있는가?	YES □ NO □
	7. 공을 잘 주시하고 있는가?	YES □ NO □
팔로우스루	1. 라켓을 끝까지 밀어보내는가?	YES □ NO □
	2. 중심유지가 잘 되고 있는가?	YES □ NO □
	3. 라켓이 과도하게 돌지 않는가?	YES □ NO □
	4. 디딤발이 원래 준비자세로 돌아오는가?	YES □ NO □

잘된 점
잘 안된 점
자신에게 한마디

5. 코트에서의 움직임(풋워크)

스쿼시는 매우 다이나믹한 운동이다. 따라서 움직임이 민첩하지 못하면 상대의 샷을 받아낼 수가 없다. 코트에서 민첩한 움직임을 갖기 위해서는 풋워크 훈련을 꾸준히 실시해야 한다. 실제로 선수와 동호인을 구분짓는 것이 이 풋워크 훈련의 양이라 할 수 있다.

■ 코트 앞쪽으로 풋워크

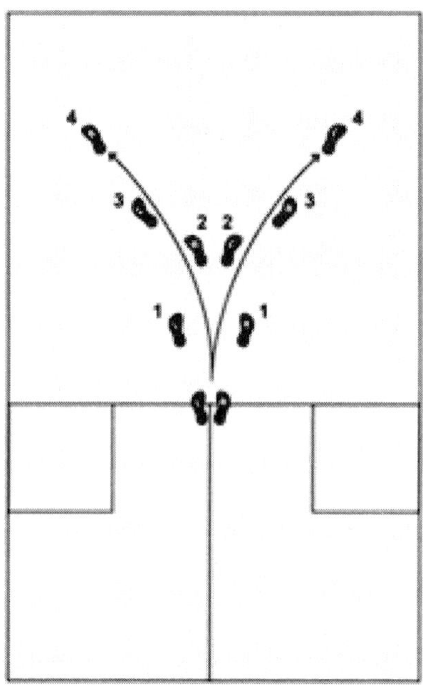

- T에서 신속한 판단 후, 움직임을 시작한다.
- 런닝스텝을 이용한다.
- 오른쪽은 오른발부터, 왼쪽은 왼발부터 시작한다.
- 4스텝으로 움직임을 마무리한다.
- 공에 접근하는 진로는 약간의 곡선을 유지한다.
- 마지막 디딤발에 맞추어 스트로크를 실행한다.
- 스트로크 후에는 뒷걸음으로 신속히 T로 복귀한다.

■ 코트 중앙에서 풋워크

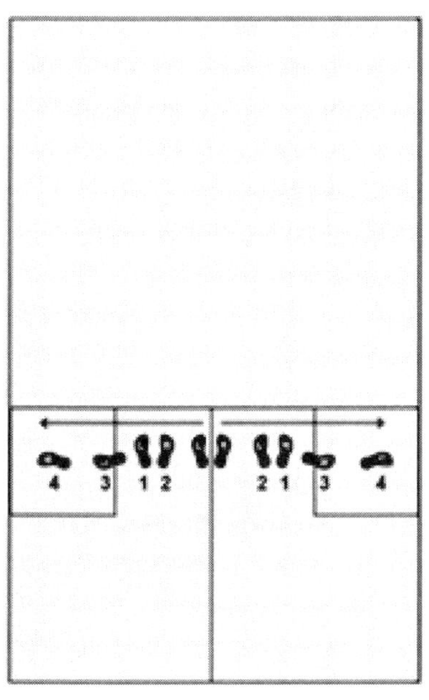

- T에서 신속한 판단 후, 움직임을 시작한다.
- 사이드스텝을 이용한다.
- 오른쪽은 오른발부터, 왼쪽은 왼발부터 시작한다.
- 마지막 디딤발에 맞추어 스트로크를 실행한다.
- 스트로크 후에는 신속히 T로 복귀한다.

■코트 뒤쪽으로 풋워크

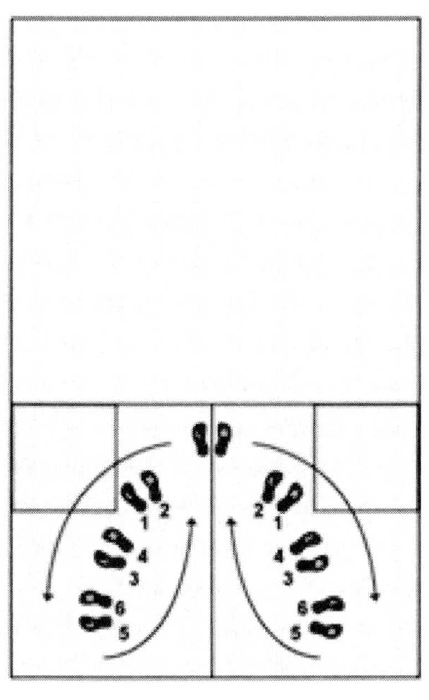

- T에서 신속한 판단 후, 움직임을 시작한다.
- 사이드스텝을 이용한다.
- 오른쪽은 오른발부터, 왼쪽은 왼발부터 시작한다.
- 공에 접근하는 진로는 J모양을 유지한다.
- 반복연습으로 코너에서 원활한 스트로크를 익힌다.
- 스트로크 후에는 하프라인을 따라 신속히 T로 복귀한다.

■ 체크리스트 – 풋워크 년 월 일 시 ~ 시

항목	평가
1. 첫 스텝이 내딛기 전에 두 발이 모두 공중에 살짝 뜨는가?	YES □ NO □
2. 방향별로 첫 스텝의 발이 맞는가?	YES □ NO □
3. 스텝 수가 정확한가?	YES □ NO □
4. 마지막 디딤발이 정확한가?	YES □ NO □
5. 공에 접근할 때 곡선으로 가는가?	YES □ NO □
6. 연습할 때 진짜 공이 있는 것처럼 하는가?	YES □ NO □
7. 스윙 직후 T로 복귀하는가?	YES □ NO □
8 복귀할 때 신체의 방향이 맞는가?	YES □ NO □
잘된 점	
잘 안된 점	
자신에게 한마디	

CHAPTER 3

스쿼시 기술의 실제

SQUASH LOGBOOK

SQUASH LOGBOOK

SQUASH LOGBOOK

1. 서브(serve)

랠리의 시작이므로 게임을 하기 위해서는 반드시 할 수 있어야 한다. 테니스에 비해서는 난이도가 매우 낮은 기술이므로 약간의 연습만으로도 충분히 멋진 서브를 넣을 수 있다.

1) 포핸드 서브 동작

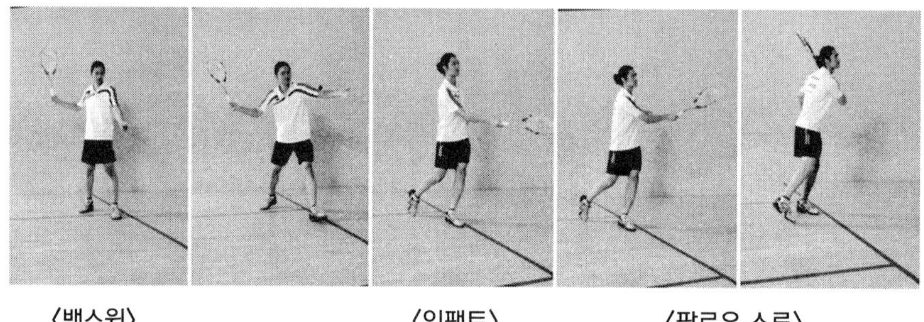

〈백스윙〉 〈임팩트〉 〈팔로우 스루〉

▣ 유의사항

- 상대를 보고 선다.
- 라켓을 들어 백스윙 한다.
- 앞 벽의 목표지점을 확인한다.
- 중심을 앞쪽발로 조금 옮긴다.
- 공을 약간 앞쪽으로 토스한다.
- 크로스 방향으로 공을 쳐 낸다.
- T로 빨리 움직인다.
- 공을 주시한다.

2) 백핸드 서브 동작

〈백스윙〉 〈임팩트〉 〈팔로우 스루〉

▣ **유의사항**

- 상대를 보고 선다.
- 라켓을 목 뒤로 올린다.
- 팔꿈치를 몸통 가까이 둔다.
- 공을 라켓 든 팔꿈치 밑으로 토스한다.
- 중심을 앞발로 옮기면서 스트록 한다.
- 스윙 시 중심을 잘 유지한다.
- T로 빨리 움직인다.
- 공을 주시한다.

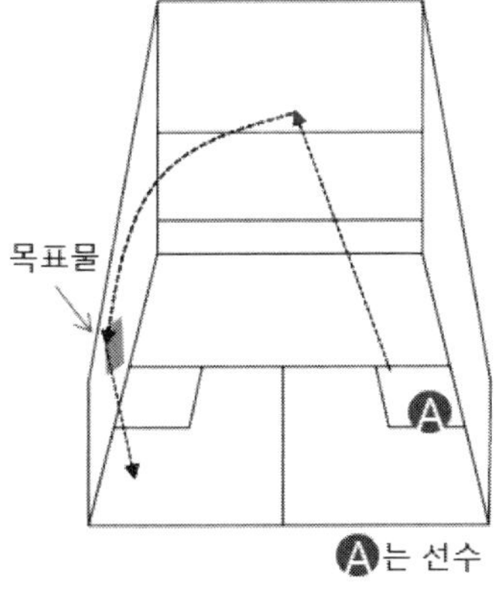

〈오른쪽에서 서브 연습〉

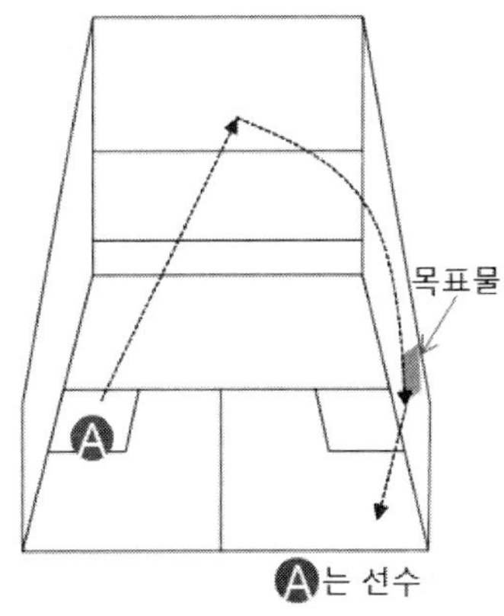

〈왼쪽에서 서브 연습〉

■ 체크리스트 – 서브

년 월 일 시 ~ 시

항목		평가
1. 그립을 제대로 쥐고 있는가?	forehand	YES □ NO □
	backhand	YES □ NO □
2. 손목의 코킹이 이루어져 있는가?	forehand	YES □ NO □
	backhand	YES □ NO □
3. 토스가 안정적으로 되는가?	forehand	YES □ NO □
	backhand	YES □ NO □
3. 중심이동이 제대로 이루어지는가?	forehand	YES □ NO □
	backhand	YES □ NO □
4. 임팩트시 라켓이 열려 있는가?	forehand	YES □ NO □
	backhand	YES □ NO □
5. 공을 치는 강도는 적절한가?	forehand	YES □ NO □
	backhand	YES □ NO □
6. 서브를 넣은 후 곧바로 T로 가는가?	forehand	YES □ NO □
	backhand	YES □ NO □
7. 공을 계속 주시하고 있는가?	forehand	YES □ NO □
	backhand	YES □ NO □
8. 원하는 목표물에 10개 중 5개를 맞힐 수 있는가?	forehand	YES □ NO □
	backhand	YES □ NO □

잘된 점
잘 안된 점
자신에게 한마디

2. 리시브(receive)

스쿼시를 처음 접하는 사람들에게는 리시브가 상당히 부담스런 기술 중 하나다. 코트의 사방이 막혀 있기 때문에 공이 어떻게 바운드 될지 모르기 때문이다. 따라서 리시브 연습을 충분히 해 주어야 한다. 스쿼시 코트에 있는 시간이 길어질수록 공의 움직임이 익숙해질 것이며 공의 진행방향에 대한 예측이 빨라지게 된다. 예측된 공을 치는 것은 매우 쉬운 일일 것이다.

연습 내용	유의사항
〈포핸드 리시브〉	• 서비스박스보다 한걸음 뒤에서 하프라인과 가운데 정도에 위치한다. • 라켓을 들어 백스윙을 준비한다. • 상대를 주시한다. • 왼발을 열어 오픈 스탠스로 선다. • 리턴 시 볼의 위치에 따라 위치선정을 한다. • 발리와 드라이브 등 다양한 기술로 리시브한다.
〈백핸드 리시브〉	• 서비스박스보다 한걸음 뒤에서 하프라인과 가운데 정도에 위치한다. • 라켓을 들어 준비한다. • 상대를 주시한다. • 오른발을 열어 오픈 스탠스로 선다. • 리턴 시 볼의 위치에 따라 위치선정을 한다. • 발리와 드라이브 등 다양한 기술로 리비스한다.

〈포핸드 리시브〉

〈백핸드 리시브〉

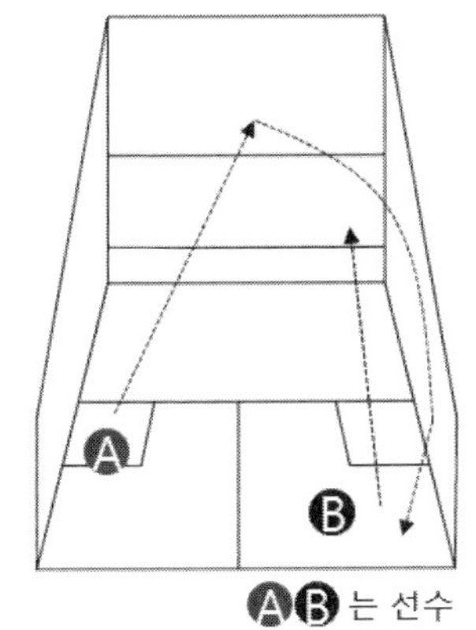

〈오른쪽에서 스트레이트 리시브 연습〉

A : 서버
B : 리시버

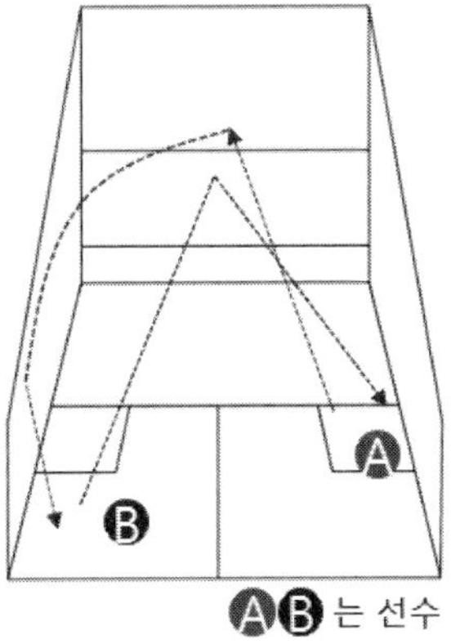

〈왼쪽에서 크로스코트 리시브 연습〉

※ 연습 파트너와 번갈아서 20개씩 연습한다.

■ 체크리스트 – 리시브

년 월 일 시 ~ 시

항목		평가
1. 그립을 제대로 쥐고 있는가?	forehand	YES □ NO □
	backhand	YES □ NO □
2. 스탠스를 오픈하고 있는가?	forehand	YES □ NO □
	backhand	YES □ NO □
3. 백스윙을 하고 있는가?	forehand	YES □ NO □
	backhand	YES □ NO □
4. 공을 주시하고 있는가?	forehand	YES □ NO □
	backhand	YES □ NO □
5. 서브에 따라 적절한 신체의 이동이 이루어지는가?	forehand	YES □ NO □
	backhand	YES □ NO □
6. 공을 칠 공간을 충분히 만들 수 있는가?	forehand	YES □ NO □
	backhand	YES □ NO □
7. 공을 원하는데로 칠 수 있는가?	forehand	YES □ NO □
	backhand	YES □ NO □

잘된 점
잘 안된 점
자신에게 한마디

3. 발리(volley)

발리는 공이 바닥에 닿기 전에 공중에 있는 상태에서 치는 기술이다. 발리는 공을 치는 타이밍이 빠르기 때문에 상대의 경기 리듬을 뺏을 수 있는 장점이 있다. 하지만 동작을 수행하기 위한 시간적 여유가 적기 때문에 정확성과 안정성 면에서는 그라운드 스트록에 비해 떨어진다.

1) 포핸드/백핸드 발리 동작

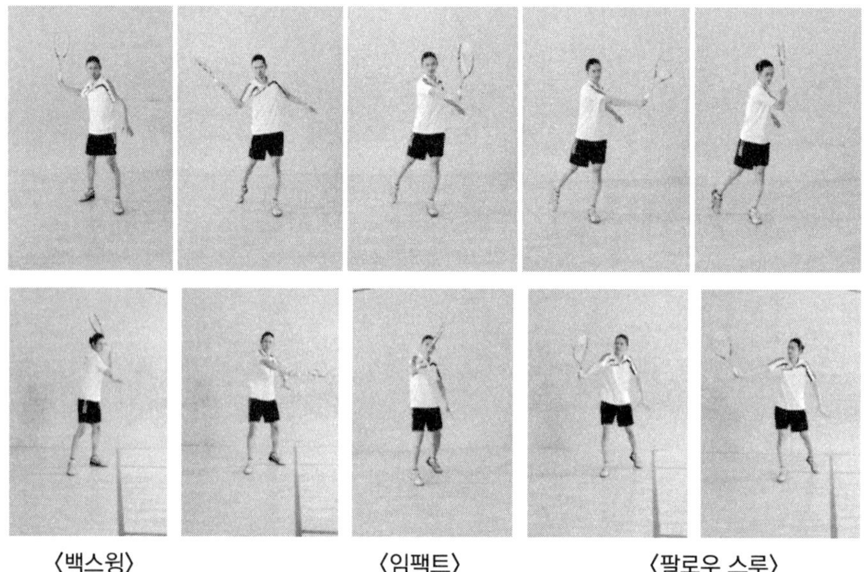

〈백스윙〉

- 어깨와 허리를 비틀어 백스윙한다.
- 손목 콕을 유지한다.
- 팔꿈치를 약간 구부린다.
- 앞쪽 발을 한발 내 딛는다.
- 공을 주시한다.

〈임팩트〉

- 손목 콕을 유지하며 고정시킨다.
- 임팩트시 라켓면을 오픈시킨다.
- 공을 힘껏 쳐 낸다.
- 중심을 잃지 않도록 한다.
- 공을 끝까지 주시한다.

〈팔로우 스루〉

- 임팩트 때의 스텝을 잘 유지시킨다.
- 상체의 회전을 최소화 한다.
- 의도된 샷의 방향으로 팔로우스루를 진행한다.
- T로 재빨리 돌아온다.

2) 발리 연습 방법

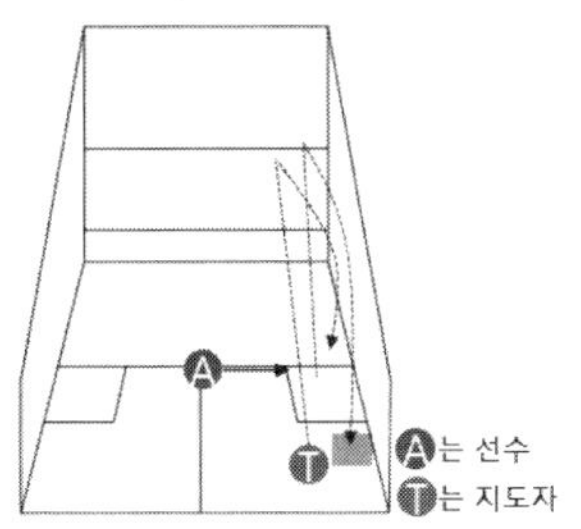

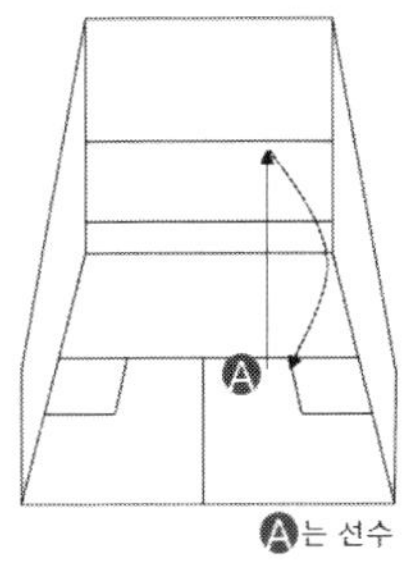

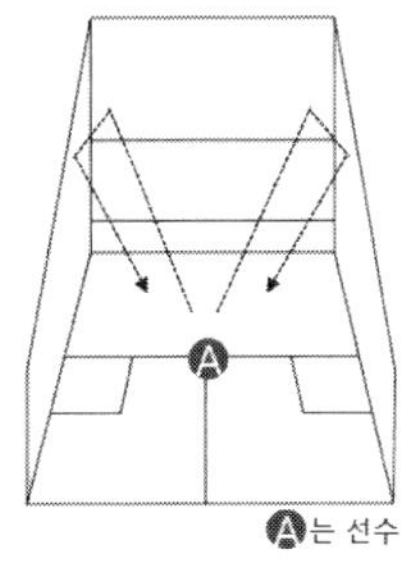

■ 체크리스트 - 발리 년 월 일 시 ~ 시

항목		평가
1. 그립을 제대로 쥐고 있는가?	forehand	YES □ NO □
	backhand	YES □ NO □
2. 백스윙이 간결한가?	forehand	YES □ NO □
	backhand	YES □ NO □
3. 라켓면이 오픈되어 있나?	forehand	YES □ NO □
	backhand	YES □ NO □
4. 강도를 조절 할 수 있나?	forehand	YES □ NO □
	backhand	YES □ NO □
5. 정확한 방향으로 보낼 수 있나?	forehand	YES □ NO □
	backhand	YES □ NO □
6. 공을 끝까지 주시하는가?	forehand	YES □ NO □
	backhand	YES □ NO □
7. 신체의 밸런스를 잘 유지하고 있는가?	forehand	YES □ NO □
	backhand	YES □ NO □
8. 공을 치고 난 후 즉시 T로 움직이는가?	forehand	YES □ NO □
	backhand	YES □ NO □

잘된 점
잘 안된 점
자신에게 한마디

4. 보스트(boast)

옆벽이나 뒷벽을 이용해 앞벽을 맞히는 기술이다. 빈도가 높으면 고생한다. 가끔 급작스럽게 구사하면 상대의 리듬을 빼앗을 수 있다. 강하고 낮은 보스트는 득점과 연결되기도 한다.

1) 포핸드/백핸드 보스트 동작

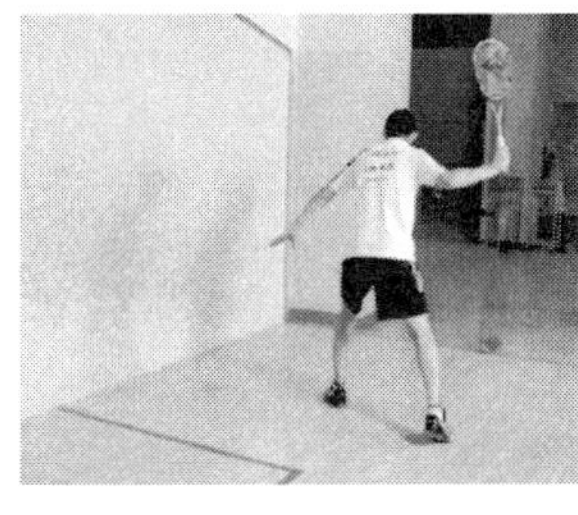

- 백스윙을 빨리 준비한다.
- 뒷벽 코너로 돌아선다.
- 미드스탠스로 선다.
- 무릎을 구부린다.

- 디딤발을 지나친 위치에서 친다.
- 라켓면을 오픈시킨다.
- 손목을 견고히 고정한다.

- 공을 밀어치듯 한다.
- 라켓면을 오픈상태로 유지한다.
- 간결하게 마무리 한다.

2) 보스트 연습 방법

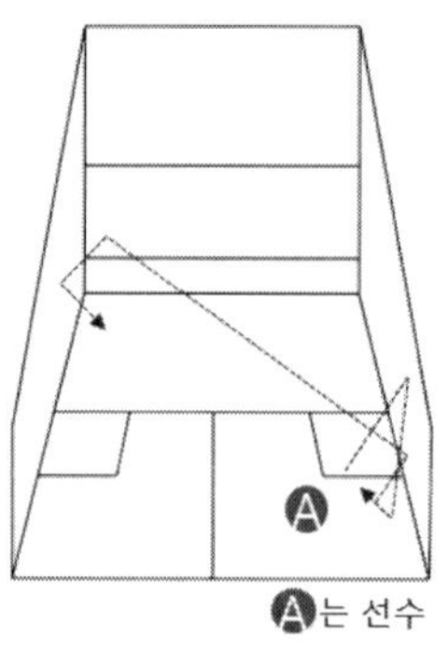

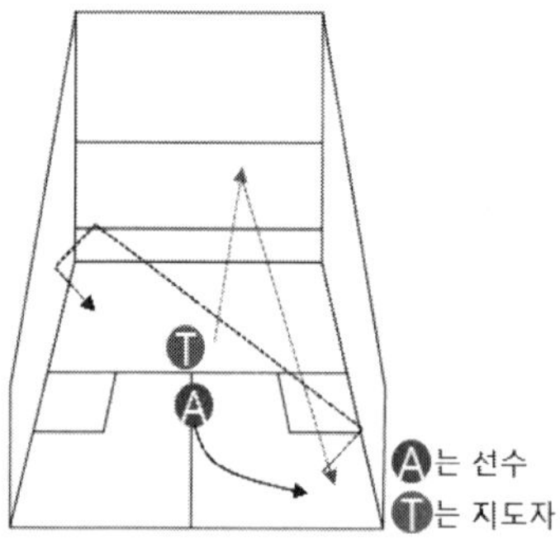

■ 체크리스트 – 보스트

년 월 일 시 ~ 시

항목		평가
1. 그립을 제대로 쥐고 있는가?	forehand	YES □ NO □
	backhand	YES □ NO □
2. 뒷 벽 코너를 향해 있는가?	forehand	YES □ NO □
	backhand	YES □ NO □
3. 코너에서 스윙이 자연스럽게 이루어질 수 있도록 공간이 확보되어 있는가?	forehand	YES □ NO □
	backhand	YES □ NO □
4. 임팩트시 라켓면이 오픈되어 있나?	forehand	YES □ NO □
	backhand	YES □ NO □
5. 공을 끝까지 주시하는가?	forehand	YES □ NO □
	backhand	YES □ NO □
6. 공이 앞쪽 대각선의 코너로 향해 가는가?	forehand	YES □ NO □
	backhand	YES □ NO □
7. 밸런스를 잘 유지하고 있는가?	forehand	YES □ NO □
	backhand	YES □ NO □
8. 공을 치고 난 후 즉시 T로 움직이는가?	forehand	YES □ NO □
	backhand	YES □ NO □

잘된 점
잘 안된 점
자신에게 한마디

5. 드롭(drop)

앞벽 코너의 보드 바로 위에 낮고 약하게 치는 기술로서 상대방이 코트 뒤 있을 때 구사한다. 닉(nick)을 겨냥해서 치면 바운드가 낮아 매우 효과적이다.

1) 포핸드/백핸드 드롭 동작

- 두발을 서로 비스듬히 디딘다.
- 백스윙을 작게 한다
- 무릎을 구부린다

- 라켓면을 오픈시킨다
- 손목을 고정시킨다
- 공을 밀듯 스윙한다

- 짧은 팔로우로 마무리 한다
- 뒷발을 잘 유지시킨다
- 앞발을 뒤로 밀어낸다

2) 드롭 연습 방법

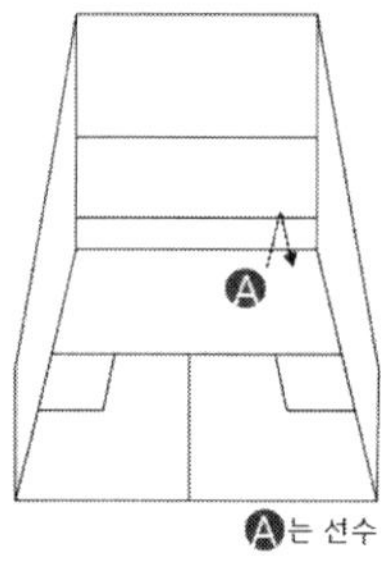

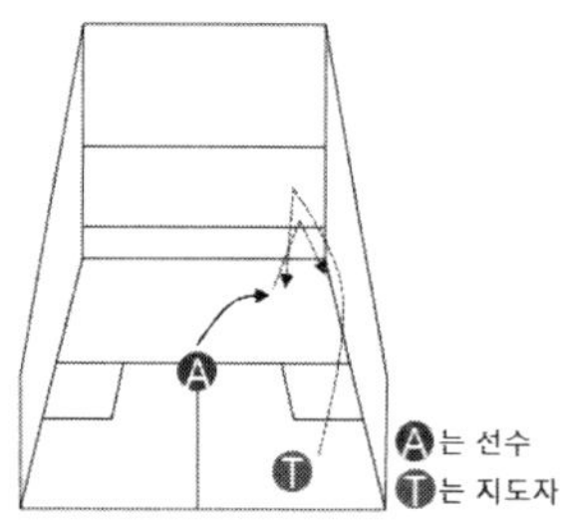

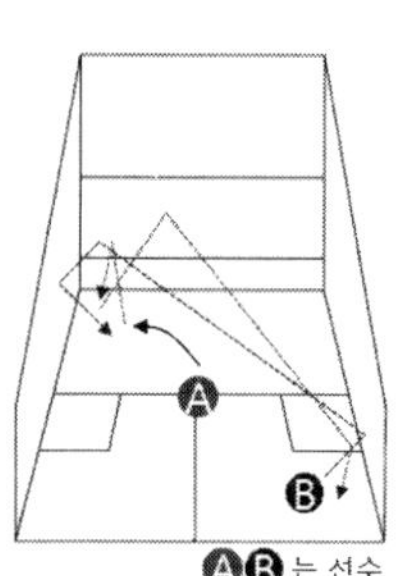

■ 체크리스트 – 드롭　　　　년 월 일 시 ~ 시

항목		평가
1. 그립을 제대로 쥐고 있는가?	forehand	YES □ NO □
	backhand	YES □ NO □
2. 앞쪽 코너랑 어깨선이 일치하는가?	forehand	YES □ NO □
	backhand	YES □ NO □
3. 코킹이 살아있는가?	forehand	YES □ NO □
	backhand	YES □ NO □
4. 임팩트시 라켓면이 오픈되어 있나?	forehand	YES □ NO □
	backhand	YES □ NO □
5. 공을 끝까지 주시하는가?	forehand	YES □ NO □
	backhand	YES □ NO □
6. 공에 역회전을 줄 수 있는가?	forehand	YES □ NO □
	backhand	YES □ NO □
7. 공이 보드 바로 위에 낮게 맞는가?	forehand	YES □ NO □
	backhand	YES □ NO □
8. 공이 닉 근처에 맞는가?	forehand	YES □ NO □
	backhand	YES □ NO □
9. 밸런스를 잘 유지하고 있는가?	forehand	YES □ NO □
	backhand	YES □ NO □
10. 공을 치고 난 후 즉시 T로 움직이는가?	forehand	YES □ NO □
	backhand	YES □ NO □

잘된 점
잘 안된 점
자신에게 한마디

6. 로브(lob)

공을 높이 띄어서 채공시간을 길게 만들어 랠리 속도를 줄이거나 드롭을 넣는 척 하면서 뒤로 길게 보내 뒷코너에서 상대방의 실수를 유발시키려 할 때에 사용한다.

1) 포핸드/백핸드 로브 동작

- 앞쪽 발을 멀리 뻗어 디딘다
- 백스윙을 작게 한다
- 낮게 낮춘다

- 공 아래에 라켓을 위치시킨다
- 손목을 가볍게 접어 올린다
- 정면벽 높이를 겨냥한다

- 중심을 잘 유지한다
- 라켓을 높이 들어 올린다
- 앞발을 뒤로 밀어낸다

2) 로브 연습 방법

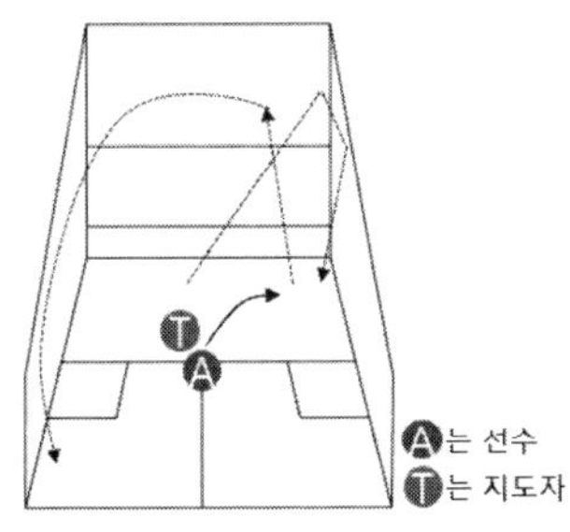

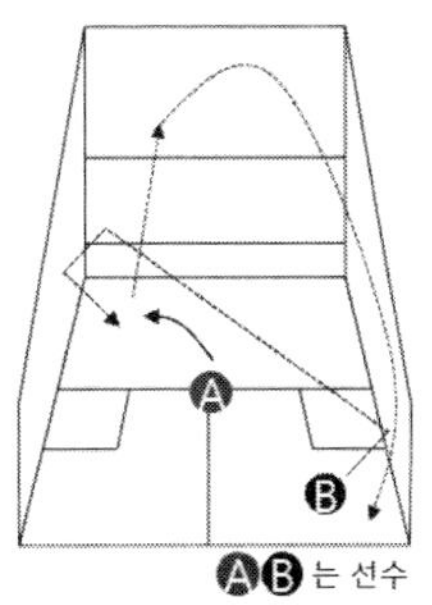

■ 체크리스트 – 로브

년 월 일 시 ~ 시

항목		평가
1. 그립을 제대로 쥐고 있는가?	forehand	YES □ NO □
	backhand	YES □ NO □
2. 디딤발을 길게 뻗고 치는가?	forehand	YES □ NO □
	backhand	YES □ NO □
3. 코킹이 살아있는가?	forehand	YES □ NO □
	backhand	YES □ NO □
4. 임팩트시 라켓면이 오픈되어 있나?	forehand	YES □ NO □
	backhand	YES □ NO □
5. 손목의 스냅으로 부드럽게 치는가?	forehand	YES □ NO □
	backhand	YES □ NO □
6. 공이 앞벽 상단에 맞고 충분히 높이 올라가는가?	forehand	YES □ NO □
	backhand	YES □ NO □
7. 공이 뒷벽 근처 옆벽에 맞고 뒷벽에 맞기 전에 바닥에 먼저 떨어지는가?	forehand	YES □ NO □
	backhand	YES □ NO □
8. 밸런스를 잘 유지하고 있는가?	forehand	YES □ NO □
	backhand	YES □ NO □
9. 공을 치고 난 후 즉시 T로 움직이는가?	forehand	YES □ NO □
	backhand	YES □ NO □

잘된 점
잘 안된 점
자신에게 한마디

7. 킬샷(kill shot)

틴 바로 위를 겨냥해 강하게 내리치는 샷을 말한다. 이론상으로 틴 높이보다 높은 위치의 공을 칠 때 가능하며 닉을 겨냥하면 매우 위력적인 공격력을 보일 수 있다. 이 샷을 발리로 칠 경우 발리킬샷이라고 부른다.

1) 포핸드/백핸드 킬샷 동작

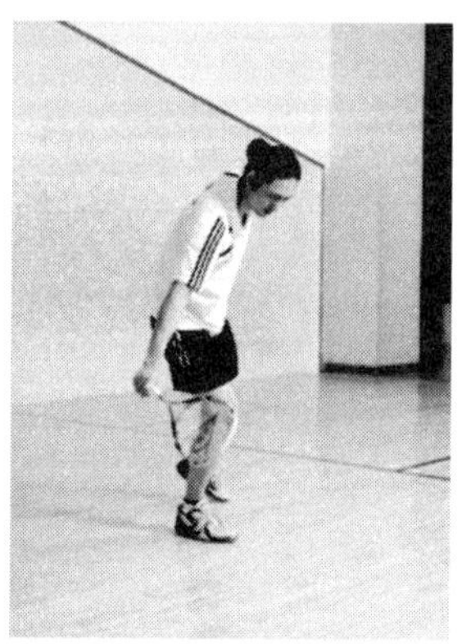

- 스텝을 비스듬히 만든다.
- 앞쪽 어깨를 옆벽으로 비튼다.
- 백스윙을 높게 한다.
- 라켓면은 오픈해 유지한다.

- 바운드의 정점에서 친다.
- 공의 뒤를 슬라이스로 친다.
- 틴 바로 위를 겨냥한다.
- 중심을 잘 유지한다.

- 라켓면은 잘 유지한다.
- 그립을 견고하게 잡는다.
- 팔로우스로우는 짧게 한다.
- 빨리 수비 준비를 한다.

2) 킬샷 연습방법

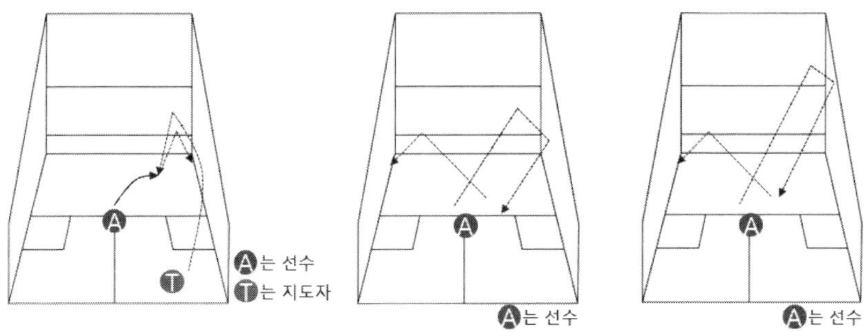

체크리스트 – 킬샷　　　　년 월 일 시 ~ 시

항목		평가
1. 그립을 제대로 쥐고 있는가?	forehand	YES □ NO □
	backhand	YES □ NO □
2. 몸의 밸런스는 잘 유지되는가?	forehand	YES □ NO □
	backhand	YES □ NO □
3. 코킹이 살아있는가?	forehand	YES □ NO □
	backhand	YES □ NO □
4. 임팩트시 라켓면이 오픈되어 있나?	forehand	YES □ NO □
	backhand	YES □ NO □
5. 다운스윙시 공이 맞는가?	forehand	YES □ NO □
	backhand	YES □ NO □
6. 공이 틴 바로 윗 부분에 맞는가(정확성이 있는가)?	forehand	YES □ NO □
	backhand	YES □ NO □
7. 닉 근처에 공이 맞는가(각도 조절이 되는가)?	forehand	YES □ NO □
	backhand	YES □ NO □
8. 밸런스를 잘 유지하고 있는가?	forehand	YES □ NO □
	backhand	YES □ NO □
9. 공을 치고 난 후 즉시 T로 움직이는가?	forehand	YES □ NO □
	backhand	YES □ NO □

잘된 점
잘 안된 점
자신에게 한마디

여기서 잠깐 스탠스와 공의 방향

드라이브 기술은 기본적으로 정확한 스탠스와 스윙자세로 공을 강하게 쳐 내는 기술이다. 이 기술을 구사함에 있어서 중요한 것은 공을 쳐 낼 때의 선수의 스탠스에 따른 임팩트 위치이다. 아래 그림은 임팩트 때의 스탠스에 따른 공의 방향을 나타낸 것이다. 스트레이트 기술은 포핸드/백핸드 방향 전환 후 디딤발과 공의 방향이 마주보게 되는 옆벽과 정확히 직각에 가까울 때 손쉽게 쳐 낼 수 있는 기술이다. 크로스코트는 스트레이트보다는 약간 앞쪽에서 임팩트가 이루어지는 경우로, 이때 디딤발의 방향은 앞벽 쪽을 향해 약간 비스듬히 향하게 두고 쳐 내는 기술이다. 보스트는 스트레이트보다 임팩트가 뒤늦게 이루어지는 것으로 선수를 지나친 공을 뒷벽 코너 쪽에서 임팩트가 이루어지는 경우로, 이 때 디딤발의 방향은 뒷벽 코너를 향해 약간 비스듬히 향하게 두고 쳐 내는 기술이다. 각각의 기술을 구사함에 있어, 어린 선수들이나 입문과정에 있는 선수들에게는 그림에서 표기된 것과 같이 디딤발을 지켜 연습하는 것이 필요하다. 하지만 실력이 향상됨에 따라 스탠스와 공의 방향의 관계성은 낮아지게 된다. 마지막 목표는 어떠한 자세에서든지 원하는 강도와 방향의 스트로크를 구사하는 것이다.

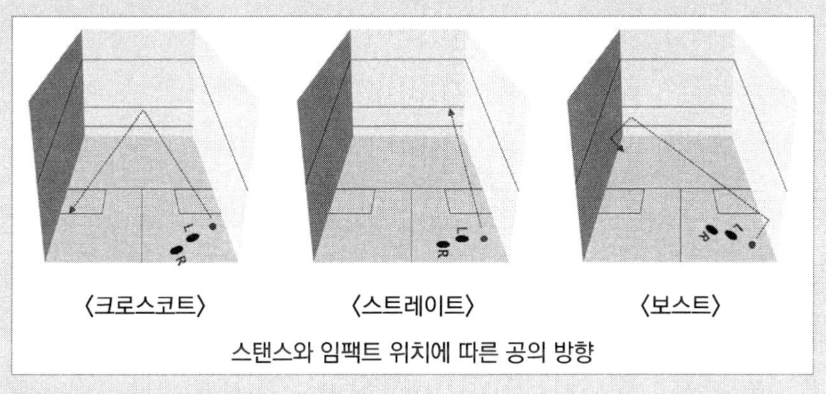

〈크로스코트〉 〈스트레이트〉 〈보스트〉

스탠스와 임팩트 위치에 따른 공의 방향

CHAPTER 4

스쿼시의 기본 전술

SQUASH LOGBOOK

SQUASH LOGBOOK

SQUASH LOGBOOK

(1) 실수를 줄여라

스쿼시는 정신적 육체적 긴장감이 큰 운동이다. 상대 선수를 계속 긴장시키기 위해서는 무엇보다 중요한 것은 실수를 해서는 안 된다는 것이다. 벽면에 가까운 공을 서로 받아내야 하는 긴장된 랠리인 만큼 실수 없이 스트로크를 해 내는 것은 득점과 실점을 판가름하는 중요한 요인이다. 게임의 후반에서는 실수 하나가 게임을 결정짓는다.

(2) 긴 볼로 공략하라

스쿼시(squash)의 사전적 의미는 '구석에 밀어 넣다'이다. 즉 스쿼시경기는 얼마나 정교하게 구석공간에 공을 쳐 넣어 상대에게 어려움을 주느냐이다. 그 첫 번째는 긴 드라이브를 이용해 뒤쪽 코너를 공략하는 것이다. 그리고 상대가 앞쪽에 있을 경우에도 빈 공간인 뒤쪽 코너를 노리는 것이 현명하다.

(3) 강한 스트로크를 구사하라

랠리를 유리하게 이끌고 가기 위해서는 우선 주도권을 획득해야한다. 랠리의 주도권을 차지하기 위해서는 일차적으로 힘 있는 스트로크로 상대를 압박해야 한다. 강한 스트로크는 상대의 컨트롤과 움직임을 무너뜨리는 무기가 된다. 기회가 포착되었을 경우에는 과감하고 정확하게 공격적인 기술을 구사하면 상대를 동요시킬 수 있다.

(4) 랠리의 속도를 조절하라

상대의 경기 스타일을 사전에 면밀히 분석하여 이를 전술로 활용해야 한다. 상대가 속도감 있는 경기를 펼치는 선수라면 이 흐름을 역으로 이용해 경기의 템포를 끊는 느린 랠리를 구사하는 것이 효과적이며, 반대의 경우라면 빠른 스트로크와 발리로 상대를 압박하는 것이 유효하다. 랠리의 속도와 흐름을 조절하는 것은 상대의 체력적 소모를 가중시키고 실수를 유도하는 계기가 된다.

(5) 발리를 적극적으로 시도하라

공격형 선수는 강한 볼을 칠 뿐만 아니라, 발리와 하프 발리(half volley)를 자유롭게 구사하는 선수이다. 발리는 상대로 하여금 다음 랠리에 대한 준비를 조급하게 함으로써 완벽한 랠리를 하지 못하도록 하는 효과가 있다. 또한 경기의 속도를 빠르게 가져가는 효과가 있어 상대의 체력을 빠르게 소모시키는 효과도 함께 가진다. 잘 연습된 발리는 경기의 흐름을 조절할 뿐만 아니라, 랠리를 결정짓는 필살기로도 효과가 있다.

(6) T-zone을 장악하라

축구에서 미드필드가 중요하듯이 스쿼시에서는 코트의 중앙지역인 T-zone이 중요하다. 기본 전술은 상대로 하여금 T-zone을 벗어난 코너 곳곳을 뛰게 만드는 것이다. 그렇게 함으로써 상대는 코트의 앞뒤나 대각선 방향의 긴 거리를 움직여 랠리를 해야 하기 때문에 체력이 월등한 경우라도, 체력소모가 심해져 경기 후반에서의 집중력을 흐트러뜨릴 수 있다.

(7) 임팩트 타이밍을 조절해 상대의 예측을 무너뜨려라

경기에 임하는 선수들은 빠른 반응시간을 실현하기 위해 서로 상대의 스트로크를 보면 집중한다. 따라서 대부분의 랠리는 서로의 예측에 의해 무리 없이 이어진다. 상대가 스트로크를 지켜보고 미리 예측하여 움직이므로, 임팩트 타이밍을 조금 빠르게 가져가거나, 늦추는 시도로 상대의 예측을 무너뜨릴 필요가 있다. 긴박하게 진행되는 랠리 중에 임팩트 타이밍을 자유자재로 조절하기란 쉽지 않다. 많은 훈련과 경험을 통해 가능하므로 꾸준한 훈련이 필수적이다.

CHAPTER 5

스쿼시 전술 훈련

SQUASH LOGBOOK

SQUASH LOGBOOK

SQUASH LOGBOOK

대인경기에서 상대를 이기기 위한 전술은 선수의 기술과 체력수준과 더불어 매우 중요한 요소이다. 전술이란 스포츠시합에서 행해질 수 있는 모든 종류의 수단, 방법, 행동 전체를 의미하며, 전술적 능력은 시합에서 선수 개인의 능력을 발휘하는 정도에 의해 정해진다. 경기 진행 속도가 빠르고 체력적 소모가 많은 스쿼시의 경우 상대를 이기기 위한 전술은 경기력에 큰 영향을 미친다. 라켓종목으로는 흔하지 않게 상대와의 접촉이 이루어지는 경기의 특성도 효과적인 전술의 필요성을 높인다.

1. 스트로크 연결 훈련

개별 기술에 대한 숙련이 어느 정도 이루어지면 경기 상황과 유사한 움직임과 랠리의 속도에 대한 적응훈련이 필요하다. 좁은 공간에서 쉴 새 없이 움직임을 해야 하는 스쿼시 경기에서는 개별 스트로크의 조합을 능숙한 움직임과 병행해 경기상황과 유사한 강도를 내는 훈련이 전술적으로 필요하다. 모든 스포츠는 종목별로 경기내에서 이루어지는 유사한 상황들이 존재한다. 스쿼시도 마찬가지로 경기중에 일어날 수 있는 상황들이 정해져 있다. 이러한 상황들을 몇 가지 형태로 묶어서 연습하는 것을 패턴연습(pattern practice)이라 부른다. 대표적인 상황은 공을 칠 때와 받을 때의 상황이고 그 때 공의 방향과 강도에 따라 스트레이트, 크로스, 보스트, 발리, 드롭, 로브로 나뉜다. 이러한 상황들의 조합하면 스쿼시 코트에서 약 101가지의 기술(drill)이 펼쳐진다. 이 책에서 이 모든 기술을 수록할 수는 없고 기본적인 패턴 연습 몇 가지를 소개하겠다.

(1) 드라이브의 연결

훈련방법	훈련목표 및 평가
ⒶⒷ는 선수	* A, B의 스트레이트/크로스코트 드라이브 연결 ■ **훈련목표** • 정확한 스텝과 드라이브 방향을 연습한다. • 상대의 크로스를 스트레이트로 이어간다. ■ **체크리스트** • 20회 이상 성공하는가? • 공이 상대의 구석으로 향하는가? • 스트로크 후 T로 복귀하는가? ※ 자리를 바꿔서 연습한다.
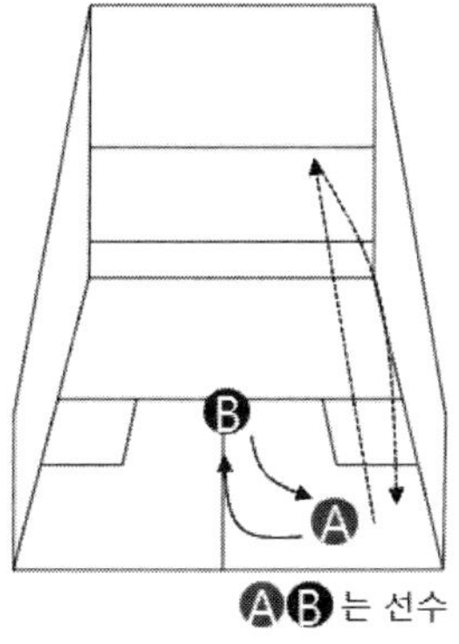 ⒶⒷ는 선수	* A, B는 뒷 코너에서 상대의 드라이브를 연속해 랠리해 낸다. ■ **훈련목표** • A, B는 상대의 스트레이트를 정확한 풋워크로 이동해 스트레이트로 랠리한다. • 스트로크 후에는 하프라인을 따라 T로 복귀한다. ■ **체크리스트** • 15회 이상 성공하는가? • 스트레이트를 정확히 쳐 내는가? • 풋워크가 정확한가? • 코너에서의 스윙이 원활한가? • 하프라인을 따라 T로 복귀하는가? ※ 백핸드도 같은 방법으로 연습한다.

훈련방법	훈련목표 및 평가
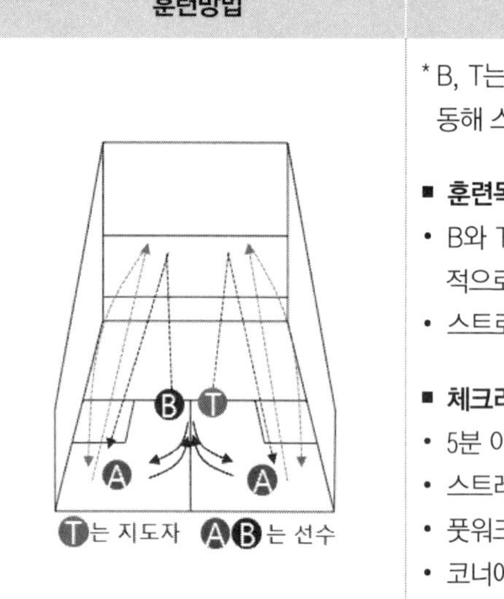 	* B, T는 번갈아 드라이브를 치고, A는 뒷코너로 이동해 스트레이트로 포/백핸드 드라이브 한다. ■ **훈련목표** • B와 T의 계속되는 피딩을 5분 이상 지속해 반복적으로 스트로크 해 낼 수 있는 능력을 기른다. • 스트로크 후에는 신속히 T로 복귀한다. ■ **체크리스트** • 5분 이상 지속할 수 있는가? • 스트레이트를 정확히 쳐 내는가? • 풋워크가 정확한가? • 코너에서의 스윙이 원활한가? • 하프라인을 따라 T로 복귀하는가?

(2) 보스트-스트레이트의 연결

훈련방법	훈련목표 및 평가
② ④ ③ ① B A AB는 선수	* B의 스트레이트를 A는 보스트로 랠리한다. * 상대의 스트로크에 따라 자리를 이동하며 랠리를 이어간다. ■ **훈련목표** • 정확한 스텝과 드라이브를 연습한다. • 스트로크 후 T로 복귀한다. ■ **체크리스트** • 30회 이상 성공하는가? • 공이 상대의 구석으로 향하는가? • 스트로크 후 T로 복귀하는가? ※ 자리를 바꿔서 연습한다.

(3) 보스트-드롭-크로스코트의 연결

훈련방법	훈련목표 및 평가
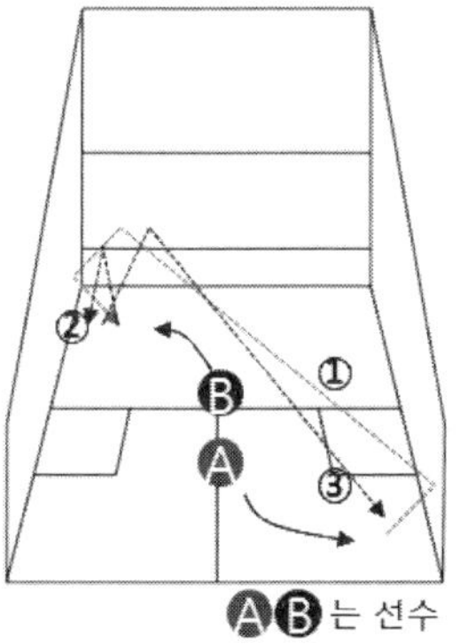 ⒶⒷ는 선수	* A는 보스트, B는 드롭과 크로스코트를 연습한다. * A의 보스트를 B는 드롭 후 크로스로 치며 랠리를 이어간다. ■ **훈련목표** • 정확한 움직임과 스트로크를 연습한다. • 드롭 후 빠른 스윙으로 크로스코트로 연결한다. ■ **체크리스트** • 30회 이상 성공하는가? • 공이 상대의 구석으로 향하는가? • 스트로크 후 T로 복귀하는가? ※ 자리를 바꿔서 연습한다.

(4) 보스트-크로스-스트레이트의 연결

훈련방법	훈련목표 및 평가
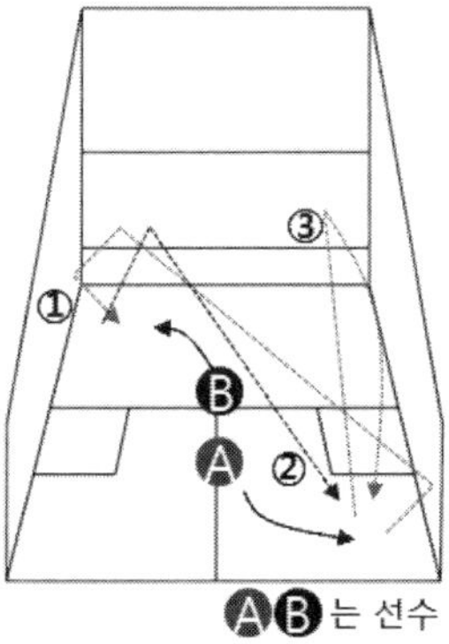 ⒶⒷ는 선수	* A 보스트, B 크로스, A 스트레이트로 랠리한다. * A 스트레이트 후 B와 A가 자리를 바꿔 이동 후 반복한다.₩ ■ **훈련목표** • 코트의 대각선 움직임을 원활히 연습한다. • 크로스된 공을 스트레이트로 정확히 리턴한다. ■ **체크리스트** • 30회 이상 성공하는가? • 공이 상대의 구석으로 향하는가? • 대각선 움직임이 원활한가? ※ [응용] 보스트 후 드롭한 후 크로스로 연결한다. ※ 좌우 자리를 바꿔서 연습한다.

(5) 보스트-크로스드롭-스트레이트의 연결

훈련방법	훈련목표 및 평가
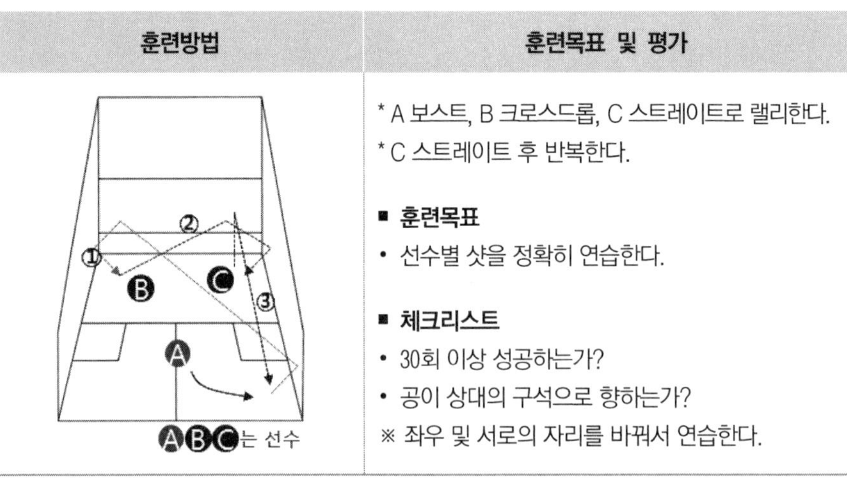 	* A 보스트, B 크로스드롭, C 스트레이트로 랠리한다. * C 스트레이트 후 반복한다. ■ **훈련목표** • 선수별 샷을 정확히 연습한다. ■ **체크리스트** • 30회 이상 성공하는가? • 공이 상대의 구석으로 향하는가? ※ 좌우 및 서로의 자리를 바꿔서 연습한다.

2. 풋워크 연결 훈련

코트에서의 움직임은 스트로크의 힘을 실을 수 있게 함과 동시에 정확성을 높여주어 랠리의 주도권을 잡는데 도움을 준다. 풋워크는 상대의 구석구석을 노리는 스트로크에 대해 원활한 움직임으로 대응해 내는 중요한 요소이다. 또한 지속되는 랠리에서 체력적 한계를 이겨내는 훈련으로도 필수적이다.

훈련방법	훈련목표 및 평가
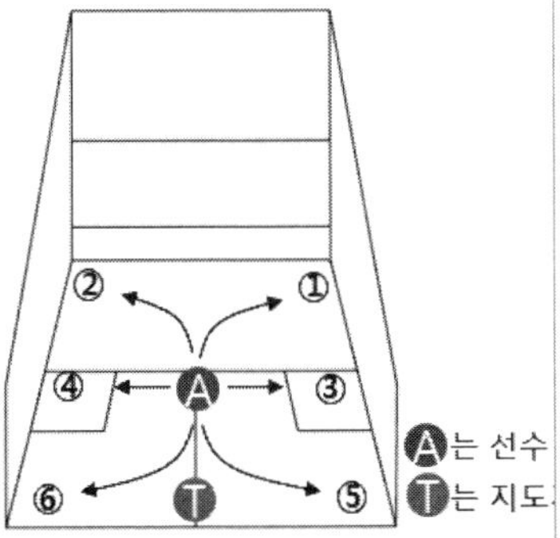	* [Ghost 훈련법] T는 경기의 랠리를 연상할 수 있도록 임의의 숫자를 불러주고, A는 여기에 따라 움직인다. ■ **훈련목표** • 경기를 가상하며 움직임을 이어간다. • 2분 안에 30회의 스트로크가 가능하도록 한다. ■ **체크리스트** • 2분내 30회 이상 해내는가? • 스트로크 후 중심이 무너지지 않고 잘 유지되는가? • 스트로크 후 T로 복귀하는가? ※ 선수 스스로 경기를 이미지화 하여 1인 연습할 수 있다.
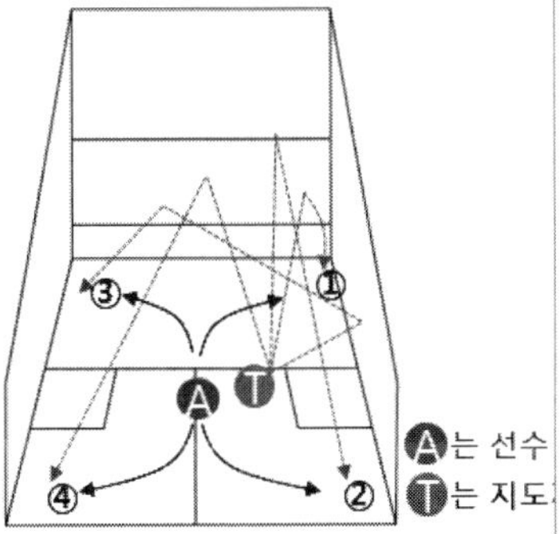	* T의 순서별 피딩에 A는 정확한 풋워크로 스트레이트 한다. ■ **훈련목표** • 원활한 풋워크와 정확한 스트로크를 연습한다. • 5분 이상 지속할 수 있는 능력을 기른다. ■ **체크리스트** • 5분 이상 지속할 수 있는가? • 스트로크 후 중심이 무너지지 않고 잘 유지되는가? • 스트로크 후 T로 복귀하는가?

3. 연습경기

지금까지 여러 스트로크에 대한 기술훈련이 잘 이루어지고, 코트에서의 민첩하고 에너지 넘치는 움직임을 잘 훈련했다면, 상대와의 연습경기를 통해 개별 스트로크의 연결과 속도감 있는 랠리에 대응하는 실전감각을 익히는 훈련이 이루어져야 한다. 좁은 공간에서 상대와 랠리하는 스쿼시경기는 여러 기술을 이용해 어떻게 상대를 지치게 하고 빈 곳을 공략하느냐가 중요한 경기이다. 따라서 실제와 같은 강도 높은 연습경기는 경기력 향상에 도움이 된다.

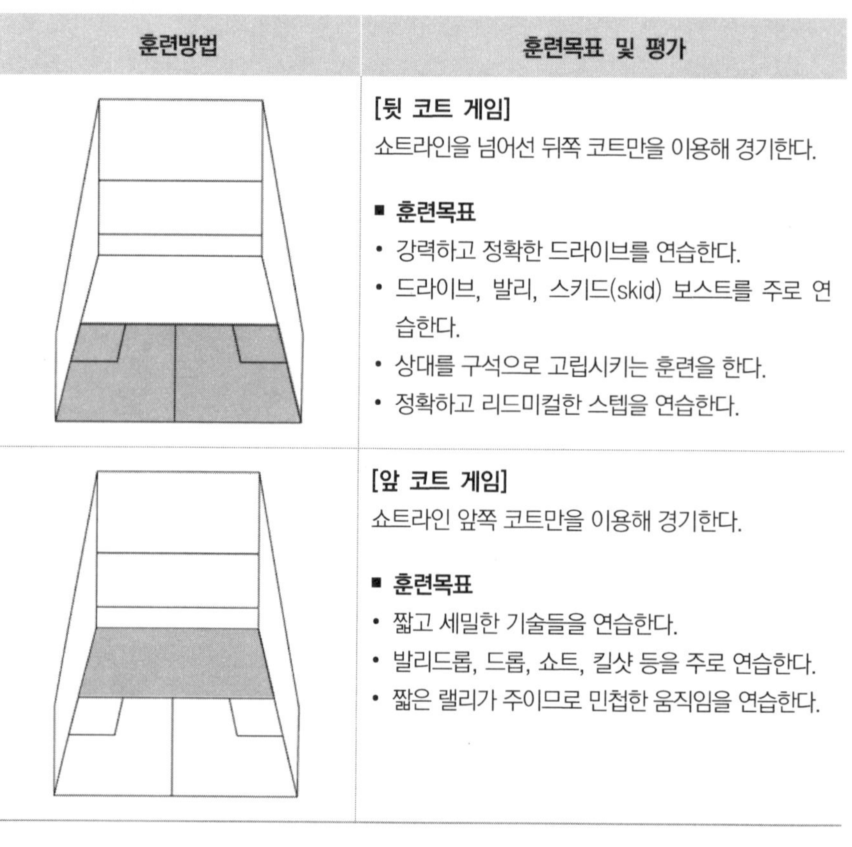

훈련방법	훈련목표 및 평가
	[뒷 코트 게임] 쇼트라인을 넘어선 뒤쪽 코트만을 이용해 경기한다. ■ **훈련목표** • 강력하고 정확한 드라이브를 연습한다. • 드라이브, 발리, 스키드(skid) 보스트를 주로 연습한다. • 상대를 구석으로 고립시키는 훈련을 한다. • 정확하고 리드미컬한 스텝을 연습한다.
	[앞 코트 게임] 쇼트라인 앞쪽 코트만을 이용해 경기한다. ■ **훈련목표** • 짧고 세밀한 기술들을 연습한다. • 발리드롭, 드롭, 쇼트, 킬샷 등을 주로 연습한다. • 짧은 랠리가 주이므로 민첩한 움직임을 연습한다.

훈련방법	훈련목표 및 평가
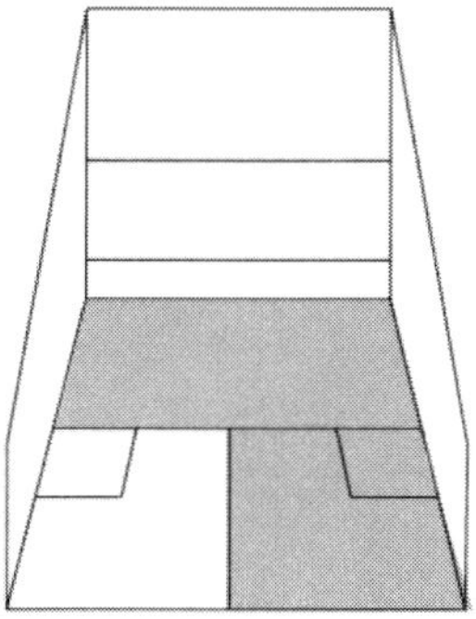	**[3/4코트 게임]** 한쪽을 통제하고 나머지 공간만을 이용해 경기한다. ■ **훈련목표** • 오른쪽 코트를 주로 활용해 연습한다. • [포핸드] 스트레이트, 쇼트, 보스트, 드롭, 발리 등 • [백핸드] 드롭, 크로스, 쇼트 등 • 짧은 랠리가 주이므로 민첩한 움직임을 연습한다. ※ 뒤쪽 통제 공간을 바꾸어 연습한다.
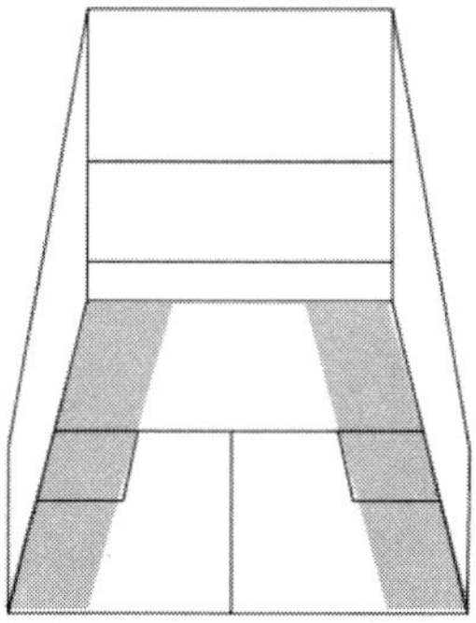	**[사이드 게임]** 서비스박스 폭만큼의 사이드 코트만을 이용해 경기한다. ■ **훈련목표** • 스트레이트, 크로스, 쇼트, 발리, 드롭, 보스트, 로브 등을 연습한다. • 벽에 붙이는 정교한 스트로크를 연습한다.
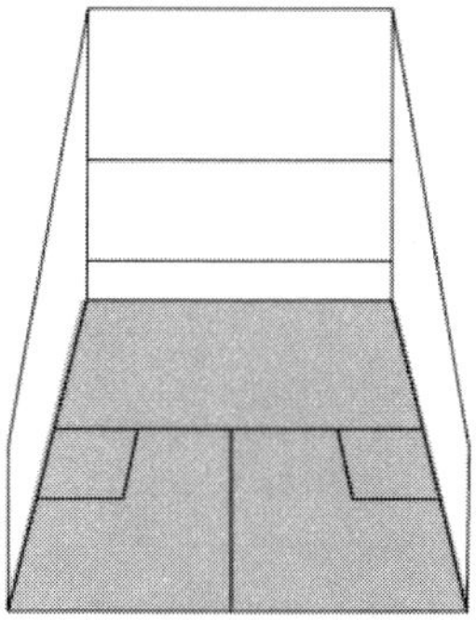	**[전술 게임]** 전체 코트를 이용해 경기한다. ■ **훈련목표** • 연습된 기술들을 이용해 개인전술을 연습한다. • 실전감각을 높이는 데 목표를 두고 연습한다.

CHAPTER 6

체력 훈련

SQUASH LOGBOOK

SQUASH LOGBOOK

SQUASH LOGBOOK

1. 상체근력운동

스쿼시 선수들은 강력한 스매시(smash)와 같은 다양한 기술을 구사하면서 팔이나 어깨 회전근개(rotator cuff), 손목 등의 부상을 당하기 쉽다. 이러한 팔이나 어깨 부상을 예방하고 근육의 파워 향상과 실전 기술 능력을 키우기 위해서는 평소 상체를 균형적으로 발달시킬 수 있는 훈련을 실행해야 한다.

1) 전완 운동

(1) 손목 컬(Wrist curl)

■ **운동 방법**

양 무릎을 어깨 넓이로 바닥에 붙인다. 상체의 중심은 살짝 앞으로 가게 한 후 손등이 바닥을 향하게 하여 양 팔꿈치를 벤치에 수평으로 기댄다. 그 후 상, 중, 하 (1-2초)동작을 확실하게 반복 실시한다.

■ **주의사항**

등과 팔꿈치가 구부러지지 않도록 주의 하고 3가지 동작을 확실히 구분 지어 실시해야 한다.

■ **운동 부위**

주동근육 : 전완굴근 이차근육 : 손가락굴근

(2) 리버스 컬(Reverse curl)

■ **운동 방법**

양 무릎을 어깨 넓이로 바닥에 붙인다. 상체의 중심은 살짝 앞으로 가게 한 후 손등이 위를 향하게 하여 양 팔꿈치를 벤치에 수평으로 기댄다. 그 후 상, 중, 하 (1~2초)동작을 확실하게 반복 실시한다.

■ **주의사항**

등과 팔꿈치가 굽지 않도록 주의 하고 3가지 동작을 확실히 구분 지어 실시해야 한다.

■ **운동 부위**

주동근육 : 전완신근 이차근육 : 손가락신근, 손가락굴근

2) 팔 운동

(1) 케이블 프레스 다운(Cable Press Down)

■ **운동 방법**

삼두의 메스를 늘리는 운동이다. 케이블을 좁게 잡도록 하며 팔꿈치의 위치를 안정시켜야 높을 운동 효과를 낸다.

■ **주의사항**

반동을 이용하지 말고 팔꿈치는 고정된 자세를 유지한다.

■ **운동 부위**

주동근육 : 삼두근 이차근육 : 삼각근, 전완근

(2) 벤치 딥스(Bench dips)

■ **운동 방법**

벤치 2개를 이용하여 시선은 정면을 향하도록 하고 양발을 모아 한 개의 벤치에 기댄다. 양 손으로 또 한 개의 벤치 끝부분을 그림과 같이 잡고 팔꿈치를 천천히 최대한 끝가지 굽히며 벤치 사이의 공간으로 내려갔다 올라오며 반복 실시한다.

■ **주의사항**

초급자는 벤치 하나를 이용하여 양 발을 바닥에 두고 실시한다.

■ **운동 부위**

주동근육 : 삼두근 이차근육 : 대흉근, 전면삼각근, 전완근

(3) 트라이셉스 익스텐션(Triceps Extension)

■ **운동 방법**

바벨을 양 어깨 넓이로 잡은 후 벤치에 누워 실시한다. 근육 이완시 바벨의 바는 자신의 이마 바로 위까지 내렸다가 올리며 수축시켜 반복 실시한다.

■ **주의사항**

벤치에 누울 때에는 반드시 머리끝이 벤치를 넘어가서는 안 된다. 그리고 근육 수축시 최대한 삼두근으로만 올려야 큰 운동 효과를 얻을 수 있다.

■ **운동 부위**

주동근육 : 삼두근 이차근육 : 대흉근, 삼각근, 전완근

(4) 컨센트레이션 컬(Concentration Curl)

■ **운동 방법**

벤치에 양발을 90도를 유지하여 앉는다. 한쪽 팔은 그림과 같이 운동을 하는 반대쪽 무릎보다 약간 위쪽에 지탱하고 운동하는 팔은 덤벨을 이용하여 삼두근 부분을 허벅지 안쪽에 기대고 근육 수축시 손목을 안쪽에서 바깥쪽으로 살짝 회전 시켜주며 반복 실시한다.

■ **주의사항**

허리를 살짝 굽혀주어 상체가 앞 쪽으로 숙여지도록 하여 실시한다.

■ **운동 부위**

주동근육 : 이두근 이차근육 : 상완근, 상완요골근, 전완근

(5) 덤벨 컬(Dumbbell Curl)

■ **운동 방법**

1. 시선은 정면을 행하도록 하고 똑같은 중량의 덤벨을 들고 손바닥이 정면을 향하도록 한다. 양손을 어깨 쪽으로 굽히며 근육을 수축 이완 시키며 반복 한다.
2. 손바닥이 몸 쪽을 향하도록 덤벨을 잡고 안쪽에서 바깥쪽으로 회전 시키며 왼손, 오른손 번갈아가며 근육을 수축, 이완시킨다.

■ **주의사항**

2번 운동 시 시선은 정면이 아니고 수축하여 올라오는 쪽 손을 본다.

■ **운동 부위**

주동근육 : 이두근 이차근육 : 상완요골근, 전면 삼각근, 전완근

(6) 스탠딩 바벨 컬 (Standing barbell Curl)

■ **운동 방법**

발을 어깨넓이로 벌려 선 후, 어깨너비로 바를 잡는다. 어깨로부터 팔꿈치까지 수직으로 한 상태에서, 팔꿈치를 몸에 고정시킨다. 천천히 바벨을 올려 수축 시켜 잠시 멈추어준 후, 천천히 바벨을 내리며 반복 실시한다.

■ **주의사항**

허리의 반동은 최소화 시켜 실시한다.

■ **운동 부위**

주동근육 : 이두근 이차근육 : 상완요골근, 상완근, 전면 삼각근, 전완근

(7) 케이블 컬(Cable Curl)

■ **운동 방법**

팔꿈치를 고정시킨 상태에서 이두를 수축 시킨다. 중량을 이두근에 유지하며 원위치 시킨다.

■ **주의사항**

상체의 앞뒤 반동에 주의하도록 한다.

■ **운동 부위**

주동근육 : 이두근 이차근육 : 상완요골근, 상완근, 전면 삼각근, 전완근

3) 어깨 운동

(1) 벤트 오버 레터럴 레이즈(Bent Over Lateral Raise)

■ **운동 방법**

벤치 맨 끝 부분에 앉아 양 손으로 덤벨을 잡고 그림과 같이 올려주며 반복 실시한다.

■ **주의사항**

무릎의 사이가 벌어지지 않도록 하고 팔꿈치보다 손목이 위로 올라가지 않도록 한다.

■ **운동 부위**

주동근육 : 후면삼각근 이차근육 : 중간삼각근, 승모근, 능형근, 극하근, 소원근

(2) 바벨 프레스(Barbell Press)

- **운동 방법**

스미스 머신이나 바벨을 들어 올려 머리 위에 위치시킨 후 천천히 얼굴 앞 쪽으로 내려오게 하여 어깨 위 까지 내린다. 어깨에서 다시 머리 윗부분까지 강하게 들어 올리며 어깨를 수축 시키며 반복 실시한다.

- **주의사항**

허리는 곧게 펴고 바는 어깨넓이보다 약간 넓게 잡고 실시해야 한다.

- **운동 부위**

주동근육 : 전면삼각근 이차근육 : 중간삼각근, 삼두근, 승모근, 대흉근 쇄골두

4) 가슴 운동

(1) 벤치 프레스(Bench Press)

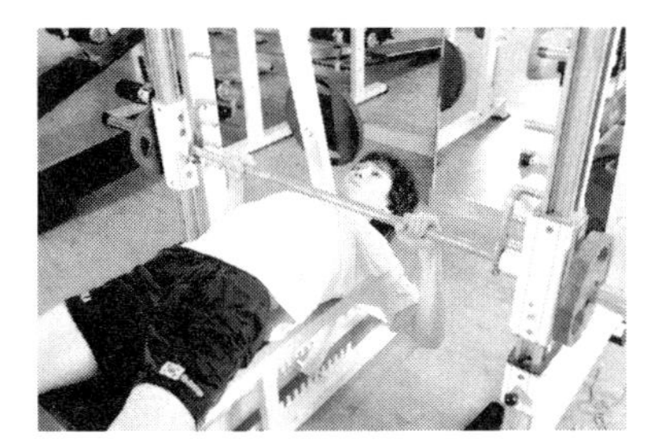

■ **운동 방법**

벤치에 등을 대고 똑바로 누워 양 발은 바닥에 지탱한다. 양 손은 바벨 바를 어깨 넓이보다 약간 넓게 잡고 올린다. 천천히 가슴 부위(중간)로 내린 후 다시 강하게 올려 근육을 수축 시켜 반복 실시한다.

■ **주의사항**

근육을 이완시킬때 가슴 부위를 의식적으로 살짝 들어 올린다는 느낌으로 실시한다.

■ **운동 부위**

주동근육 : 대흉근 이차근육 : 전면삼각근, 삼두근

(2) 팔굽혀 펴기 (Push Up)

■ **운동 방법**

1. 손바닥을 대고 엎드린 상태에서 양 발을 모아 쭉 펴고 양 손은 어깨보다 약간 넓게 벌린다. 천천히 팔꿈치를 구부려 가슴이 바닥에서 2-3cm 까지 내렸다 바로 빠르고 강하게 올라온다. 반복실시 한다.
2. 1과 같은 자세에서 양 손을 어깨보다 좁게 벌려 손은 그림과 같이 삼각형 모양을 만들고 팔꿈치를 구부려 가슴을 천천히 바닥에서 2-3cm 까지 내렸다 바로 빠르고 강하게 올리며 반복실시 한다.

■ **주의사항**

상체와 하체는 평행이 되도록 버텨주며 실시해야 한다. 팔로 밀어서 올라오는 것이 아니고 가슴으로 밀어서 올라온다는 생각으로 실시한다.

■ **운동 부위**

주동근육 : 대흉근 이차근육 : 전면삼각근, 삼두근

(3) 케이블 크로스 오버(Cable Cross Over)

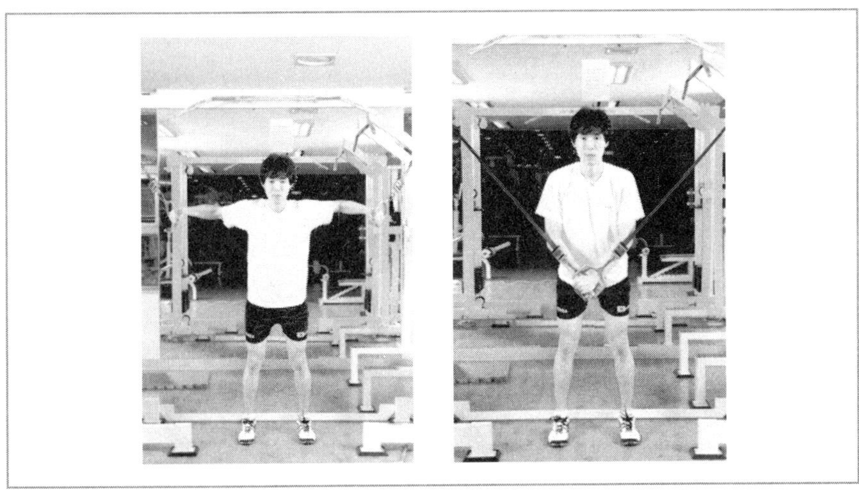

■ **운동 방법**

케이블 크로스 오버 머신 사이에 서서 머리위의 핸들을 잡아 내린 후 허리를 약간 앞으로 숙이며 중심을 잡는다. 양 팔꿈치는 약간 구부리고 손으로 잡은 핸들을 대각선 밑으로 내리며 최대한 엇갈리도록 하여 반복실시 한다.

■ **주의사항**

팔은 너무 구부려서는 안 되고 상체는 반동이 없도록 최대한 버티며 실시해야 한다.

■ **운동 부위**

주동근육 : 하부대흉근 이차근육 : 전면삼각근, 삼두근

5) 등 운동

(1) 롱풀(Long Pull)

■ **운동 방법**

시선은 정면을 향하도록 하고 무릎이 약간 구부러지도록 의자에 앉아 손잡이를 잡는다. 당길 때는 최대한 허리를 곧게 펴주며 반복실시 한다.

■ **주의사항**

양 무릎은 바깥으로 벌어지지 않도록 주의한다.

■ **운동 부위**

주동근육 : 승모근(중간, 하부 섬유), 광배근 이차근육 : 능형근, 후면삼각근

(2) 와이드 그립 풀다운(Wide grip pull down)

■ **운동 방법**

허리를 곧게 펴고 의자에 앉는다. 어깨 넓이보다 넓게 바를 잡고 가슴을 내밀어 바를 가슴 상부 쪽으로 잡아당기며 반복 실시한다.

■ **주의사항**

양 무릎을 바깥쪽을 향하도록 벌려 상체가 움직이지 않도록 지탱해 준다. 근육 수축 후 이완 시킬 때 천천히 돌아가도록 실시해야 한다.

■ **운동 부위**

주동근육 : 광배근 이차근육 : 후면삼각근, 하부 승모근, 능형근

(3) 네로우 그립 풀다운(Narrow grip pull down)

■ **운동 방법**

Pull Down 동작과 반대로 그립을 잡고 실시한다.

■ **주의사항**

엉덩이가 의자에서 떨어지지 않도록 하여 주의한다.

■ **운동 부위**

주동근육 : 광배근 이차근육 : 후면삼각근, 하부 승모근, 능형근, 이두근

(4) 턱걸이(Chin up)

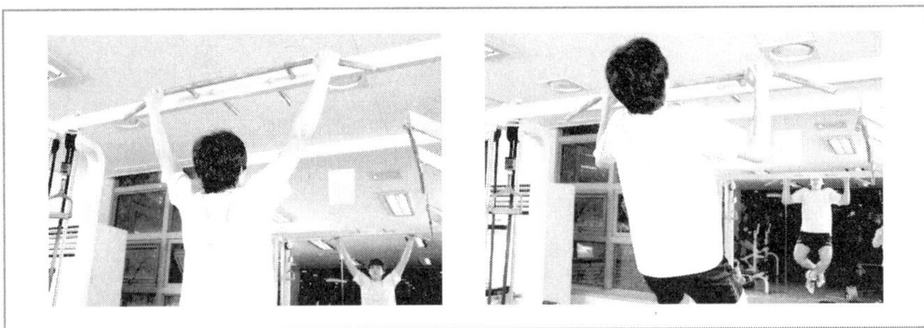

■ **운동 방법**

시선은 천장을 보고 양 손을 어깨넓이 보다 넓게 철봉을 잡는다. 몸을 들어 올려 가슴 상부가 철봉에 닿도록 하여 잠시 멈추었다가 다시 내려가는 것을 반복실시 한다.

■ **주의사항**

허리의 반동을 최소화 하여 몸이 흔들리지 않도록 주의한다.

■ **운동 부위**

주동근육 : 광배근 이차근육 : 후면삼각근, 하부 승모근, 능형근, 이두근

(5) 원 암 덤벨 로우(One arm dumbbell row)

■ **운동 방법**

덤벨을 운동하려는 쪽 손에 들고 반대쪽 무릎을 벤치에 댄 후 등이 바닥과 평행하도록 숙인다. 덤벨을 든 손을 쭉 핀 상태에서 가슴 쪽으로 끌어당기는 것을 반복실시 한다.

■ **주의사항**

덤벨을 당겼을 때 상체가 너무 반대쪽으로 돌아가지 않도록 하고 반동을 최소화하여 천천히 실시해야한다.

■ **운동 부위**

주동근육 : 광배근 이차근육 : 후면삼각근, 하부 승모근, 능형근, 이두근

(6) 벤트 오버 바벨 로우(Bent Over Barbbell Row)

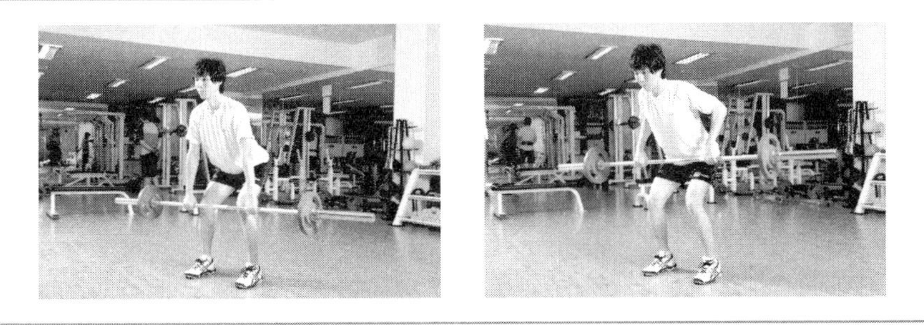

■ **운동 방법**

어깨와 팔의 균형적인 발달을 위해 반동 없이 어깨의 후면과 등을 자극하도록 한다.

■ **주의사항**

반동을 이용하지 않도록 한다.

■ **운동 부위**

주동근육 : 광배근 이차근육 : 중승모근, 능형근, 후면삼각근, 척추기립근, 이두근

(7) 풀 오버(Pull Over)

■ **운동 방법**

벤치에 누워서 덤벨을 양손으로 잡고 가슴 위에 팔을 뻗는다. 두 팔은 가능한 머리 뒤까지 반원을 그리면서 천천히 내린 다음 다시 원래의 자세로 되돌아오며 반복실시 한다.

■ **주의사항**

팔의 각도는 90도 정도가 좋으며 두 손의 넓이는 어깨의 폭보다 좁게 하여 실시한다.

■ **운동 부위**

주동근육 : 전거근, 늑간근, 광배근 이차근육 : 흉근, 삼두근

2. 하체근력운동

스쿼시 경기에서는 속도가 빠른 공을 받아내기 위한 민첩한 스텝과 점프 실력에 따라 경기력에 많은 차이가 생긴다. 또한 순간적으로 급격하게 방향전환을 할 때나 점프 동작 후 착지에서 자세가 안정되지 않은 경우 발목과 무릎 등의 부상의 위험성이 높아질 수 있다. 따라서 하제 근력 증진은 경기력 향상과 부상 예방을 위한 필수적인 훈련이라고 할 수 있다.

1) 대퇴 운동

(1) 스쿼트(Squat)

■ **운동 방법**

스쿼트 기구에서 바벨을 머리 뒤로 넘겨 승모근 뒤에 위치시킨다. 무릎과 허벅지가 T자가 되도록 하고 하체의 힘으로 바벨을 들어 올리고 내릴 때는 호흡을 들이마시면서 천천히 내려오는 것을 반복실시 한다.

■ **주의사항**

허리는 곧게 펴고 무릎 이하와 허벅지는 T자를 이루도록 한다. 허벅지가 바닥과 평행을 이루도록 몸을 굽혀 실시한다.

■ **운동 부위**

주동근육 : 대퇴사두근, 둔근 이차근육 : 햄스트링, 내전근, 척추기립근, 복근

(2) 레그 프레스(Leg press)

■ **운동 방법**

발을 어깨 넓이 정도로 벌려 발판에 대고 강하게 밀어주는 것을 반복실시 한다.

■ **주의사항**

엉덩이는 최대한 의자 끝까지 붙이고 무릎이 최대한 펴지도록 실시한다.

■ **운동 부위**

주동근육 : 대퇴사두근 이차근육 : 햄스트링, 둔근, 내전근

(3) 레그 익스텐션(Leg Extension)

■ **운동 방법**

허리는 곧게 펴고 무릎을 펴서 올릴 때는 빠르고 강하게 올리고 제자리로 내려올 때는 천천히 내리는 것을 반복실시 한다.

■ **주의사항**

엉덩이가 의자에서 떨어지지 않도록 하고 힘을 뺄 때 과굴곡 되지 않도록 주의한다.

■ **운동 부위**

주동근육 : 대퇴사두근 이차근육 : 전경골근

(7) 벤치 런지(Bench lunge)

- **운동 방법**

  덤벨 런지와 같은 동작에서 한쪽 발을 발등에 벤치에 닿도록 뒤로 올린다. 다른 한 발은 90도로 버텨주며 양발 번갈아 실시한다.

- **주의사항**

  뒤쪽 발은 최소한의 힘으로 걸쳐 놓는다.

- **운동 부위**

  주동근육 : 대퇴사두근, 둔근 이차근육 : 햄스트링, 내전근

(8) 레그 컬(Leg curl)

■ **운동 방법**

근육을 수축 시킬 때는 빠르고 강하게 무릎을 구부린다. 다시 제자리로 돌아갈 때는 느린 속도로 신전 하여 다리에 힘이 계속 전달 될 수 있도록 실시한다.

■ **주의사항**

엉덩이가 기계에서 떨어지지 않도록 실시한다.

■ **운동 부위**

주동근육 : 햄스트링 이차근육 : 둔근, 종아리근육

2) 종아리 운동

(1) 바벨 스텐딩 카프레이즈(Barbell standing calf raise)

■ **운동 방법**

시선은 정면을 보고 어깨에 바벨을 올린 후 양 발을 어깨넓이로 벌려 선다. 발 끝으로 서면서 뒤꿈치를 빠르고 강하게 들어 올려 근육을 수축 시킨다. 이완시에는 천천히 뒤꿈치가 바닥 가까이 닿을 때까지 내리는 것을 반복실시 한다.

■ **주의사항**

허리를 최대한 곧게 펴고 실시해야 한다.

■ **운동 부위**

주동근육 : 비복근 이차근육 : 가자미근

3. 코어운동

코어는 복부와 허리에서부터 골반 허벅지에 이르는 부위를 총체적으로 일컫는 말이다. 모든 종목의 운동은 팔과 다리의 힘으로 동작을 수행하는 것보다 복부, 허리, 하체, 골반의 추진력이 어깨, 팔, 다리에 전달됨으로써 동작이 완성되는 것을 알 수 있다. 단순히 팔이나 다리를 움직이는 동작을 할 때에도 가장 먼저 수축하는 것은 척추를 안정화 시키는 다열근과 복횡근 같은 심부근육이다. 따라서 코어가 안정적으로 단련된 경우는 동작 수행 능력이 높다고 할 수 있다. 만약 코어가 약할 경우에는 동작 수행 능력이 떨어지는 것은 물론 이로 인한 상해의 위험성이 높아지게 된다. 따라서 일반적으로 국가대표선수들은 좋은 성적을 거두기 위해서 강도 높은 웨이트트레이닝과 인터벌트레이닝의 내용에 코어를 강화하기 위한 프로그램을 반드시 포함하도록 구성되어 있는 것을 볼 수 있다.

1) 허리 운동

(1) 백 익스텐션(Back extension)

■ **운동 방법**

상체가 완전히 올라온 후 2~3초가량 멈춘 후 내려간다.

■ **주의사항**

상체를 끌어 올릴 때 반동을 이용하지 않도록 주의 한다.

■ **운동 부위**

주동근육 : 척추기립근 이차근육 : 광배근, 둔근, 햄스트링

(2) 데드리프트(Dead lift)

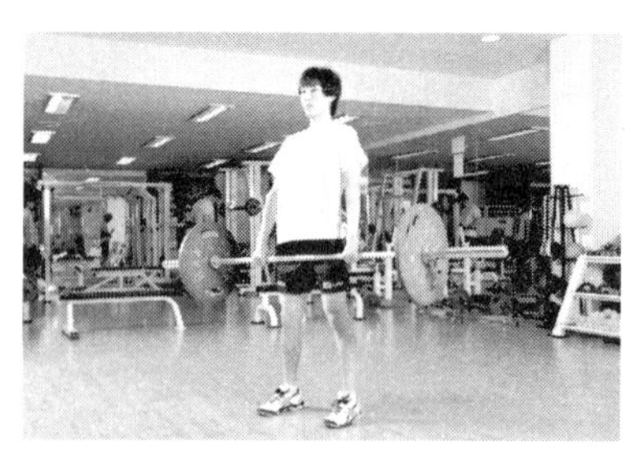

■ **운동 방법**

양 발을 어깨 넓이로 벌리고 오버핸드 그립으로 바를 잡는다. 상체를 곧게 편 상태에서 바를 허벅지 까지 끌어 올리며 근육을 수축 시킨다. 천천히 바를 정강이 중간 부위까지 내렸다가 다시 강하게 끌어 올리는 동작을 반복실시 한다.

■ **주의사항**

운동 중간에 바가 바닥에 닿지 않도록 하고 무릎을 너무 많이 구부리지 않도록 주의한다.

■ **운동 부위**

주동근육 : 척추기립근, 둔근, 햄스트링 이차근육 : 승모근, 광배근, 대퇴사두근, 전완근

(3) 힙업 레이즈(Hip-up raise)

■ **운동 방법**

천장을 보고 바로 누운 상태에서 손바닥이 아래를 향하게 하고 상체와 하체가 일직선이 될 때까지 들어 올린다.

■ **주의사항**

목으로 버티지 않도록 주의한다.

■ **운동 부위**

주동근육 : 척추기립근, 둔근 이차근육 : 복근, 햄스트링, 대퇴사두근

(4) 짐볼 엉덩이 들어올리기(Gymball Hip-raise)

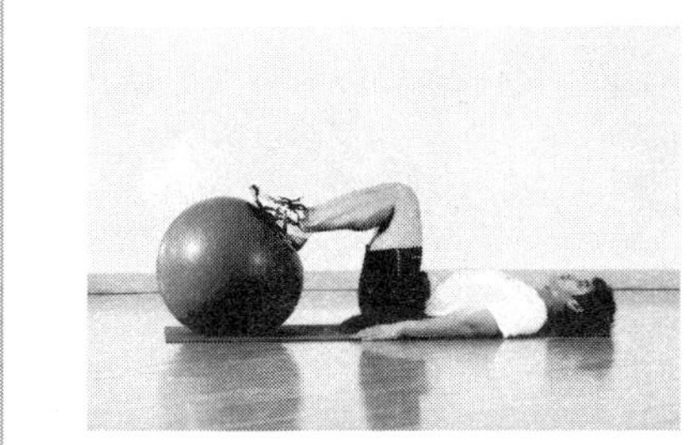

■ **운동 방법**

손바닥이 아래를 향하게 하며 상체와 하체가 일직선이 될 때까지 들어 올린다. 복근의 이완과 척추의 지구력을 기를 수 있다.

■ **주의사항**

복근의 자극을 끝까지 유지하도록 한다.

(5) 허리 뒤로 젖히기(Gymball back-up)

■ **운동 방법**

등배근과 허리의 지구력 향상에 효과적이며 대퇴 후반에 자극이 올 때 까지 버티도록 한다. 볼의 위치가 하체 쪽으로 내려갈수록 효과는 크다.

■ **주의사항**

운동 후 반드시 고양이 자세로 이완한다.

(6) 짐볼 균형잡기(Gymball stabilization 2)

■ **운동 방법**

짐 볼에 복부부위를 대고 양 손과 발로 몸을 지탱 한다. 척추와 목을 일직선상으로 곧게 펴고 한 손과 반대쪽 다리를 교차하며 천천히 들어 올린다. 들어 올리고 내리는 동작을 연속 반복하여 실시한다.

■ **주의사항**

복부에서 볼이 움직이지 않도록 균형을 잘 잡아야 하며, 들어 올린 팔과 다리는 곧게 펴 주어야 한다.

2) 복부 운동

(1) 크런치(Crunches)

■ **운동 방법**

매트에 누워 양 발을 모아서 발바닥이 바닥에 닿도록 하고 무릎을 구부려 세워준다. 양 손은 머리에 살짝 얹듯이 댄 상태에서 상체를 들어 어깨가 바닥에서 떨어지도록 한 후 잠시 멈췄다가 내려가는 것을 반복한다.

■ **주의사항**

상체를 들어 올릴 때 머리를 손으로 억지로 잡아당겨서 목에 힘이 들어가지 않도록 주의하고 복부의 힘만을 이용하여 운동하도록 한다.

■ **운동 부위**

주동근육 : 복직근(상부) 이차근육 : 복사근

(2) 크로스 레그 크런치(Cross legged crunches)

■ **운동 방법**

상 · 하체는 지면에서 띄우고 양 손은 머리에 살짝 얹듯이 댄다. 서로 반대의 팔꿈치와 무릎을 교대로 맞닿는 동작을 반복실시 한다.

■ **주의사항**

너무 빠른 속도보다는 중간 속도로 실시한다.

■ **운동 부위**

주동근육 : 복직근, 복사근 이차근육 : 전거근

(3) 브이업(V-up)

■ **운동 방법**

바닥에 누워 다리를 모은 상태에서 편다. 상체와 하체를 동시에 올려 손가락이 발에 닿는 느낌으로 V자를 만들어 1초간 멈췄다가 내려오는 것을 반복실시 한다.

■ **주의사항**

복부에 집중하도록 한다.

■ **운동 부위**

주동근육 : 복직근 이차근육 : 복사근, 장요근, 대퇴직근

(4) 레그 레이즈(Leg raise)

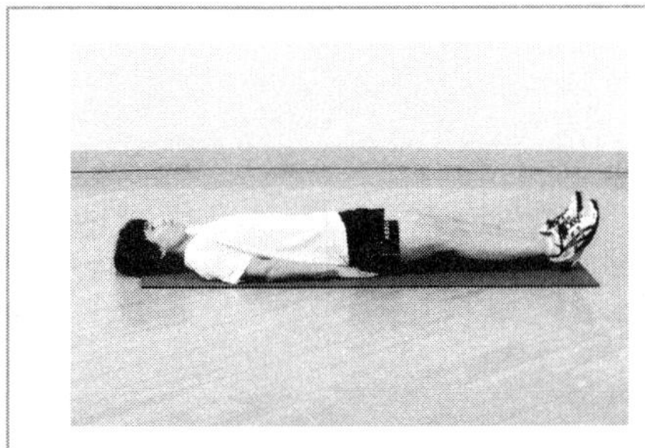

■ **운동 방법**

손바닥이 아래를 향하게 하며 둔부 밑에 댄다. 양 다리를 모아서 쭉 편 상태로 위 사진과 같이 들어 올린다. 이때 목을 바닥에서 약 10cm를 띄어 다리를 올릴 때 상체와 수평을 만들면 복부를 더 자극할 수 있다. 천천히 반복실시 한다.

■ **주의사항**

무릎이 구부러지지 않도록 하고, 복근의 자극을 끝까지 유지하도록 한다.

■ **운동 부위**

주동근육 : 복직근 이차근육 : 복사근, 장요근, 대퇴직근

(5) 다리 올렸다 내리기(Leg Raise)

■ **운동 방법**

매트에 똑바로 눕는다. 그림과같이 양 다리를 붙여 들어올렸다가 다시 제자리로 돌아간다.

■ **주의사항**

무릎이 구부러지지 않도록 주의하고 다리를 들어 올릴 때 양팔에 힘이 많이 들어가지 않도록 실시한다.

(6) 트위스팅 크런치(Twisting Crunch)

■ **운동 방법**

매트에 누워 양 발을 모아서 발바닥이 바닥에 닿도록 하고 무릎을 구부려 세워준다. 양 손은 머리에 살짝 얹듯이 댄 상태에서 상체를 한 쪽으로 틀면서 같은 쪽 어깨가 바닥에서 떨어지도록 한 후 잠시 멈췄다가 내려가는 것을 반복한다. 반대쪽도 같은 방법으로 실시한다.

■ **주의사항**

한 세트가 끝날 때까지 머리가 땅에 닿지 않도록 주의한다.

■ **운동 부위**

주동근육 : 복사근, 복직근 이차근육 : 전거근

(7) 짐볼 브이 업(Gymball V-up)

■ **운동 방법**

짐 볼 위에 앉아 무게 중심을 뒤로 하고 다리를 들어 올려 버틴다. 하복부의 긴장을 느끼며 운동 후에 이완을 하도록 한다.

■ **주의사항**

복부에 긴장을 주지 않으면 허리에 통증을 느낀다.

(8) 짐볼 짚고 버티기(Gymball plank 1)

■ **운동 방법**

짐 볼이 움직이지 않도록 고정하고 복근을 이용하여 버틴다. 고개를 들어 시선을 앞을 바라본다.

■ **주의사항**

허리를 곧게 펴고 발끝을 이용하여 버틴다.

(9) 짐볼 복근 버티기(Gymball plank 2)

■ **운동 방법**

시선은 정면을 향하도록 하고 짐 볼에 발을 올린다. 발등에서 발끝으로 이동하며 강도를 높이도록 하고 복근을 이완하며 버틴 후에는 엉덩이를 들어 수축하도록 한다.

■ **주의사항**

어깨가 무너지지 않도록 한다.

⑽ 짐볼 짚고 외발 들기(Gymball plank 3)

■ **운동 방법**

짐 볼을 짚은 상태에서 한발로 버틴다. 균형을 잡고 시선을 앞을 향하도록 하며 상체 전반의 긴장을 느끼도록 한다.

■ **주의사항**

전신운동인 만큼 운동 후에 충분한 스트레칭을 한다.

4. 스쿼시 특이적(스트로크) 강화훈련

스쿼시에 맞춘 저항밴드 운동의 특성은 에너지 시스템에 따른 훈련, 스피드와 파워 훈련, 젖산내성 훈련의 3가지로 분류할 수 있다.

1) 테니스 라켓을 이용한 훈련

스쿼시 라켓(222g)보다 무거운 테니스 라켓(평균300~310g정도)을 이용하여 스트로크, 빠른 스윙, 강한 드라이브(포핸드, 백핸드), 발리 등을 훈련하는 방법이다. 무거운 라켓의 사용으로 인한 근육의 증가로 보다 빠르고 강한 스윙을 할 수 있게 된다. 하지만 높은 부하로 인해 어깨와 손목에 무리가 갈 수도 있으므로 선수개인의 훈련 적응능력 및 체력 등을 고려하여 훈련시간을 적절히 조절해 주어야 한다.

2) 튜빙 및 저항밴드를 이용한 훈련

스쿼시 선수들의 어깨 근육을 전반적으로 단련할 수 있는 훈련으로 포핸드 스트로크 과 백핸드 스트로크의 자세와 강도를 함께 발전시킬 수 있다. (손목이나 라켓의 손잡이 부분에 튜빙 밴드나 저항밴드를 고정시키고 반대쪽은 기둥이나 고정물체에 묶어 실시한다) 튜빙 및 저항밴드를 이용한 스트로크 및 스텝 강화 훈련을 시작하기 전에 가벼운 탄력의 탄성밴드를 이용하여 워밍업을 실시한 후 강도가 높은 저항밴드를 이용하여 스윙강화훈련을 실시한다. 저항밴드를 이용한 스트로크 훈련은 스쿼시 경기 특성에 맞는 여러 가지 체력요소를 향상시켜주는 효과가 있다.

3) 스쿼시 경기 에너지시스템 훈련

경기력 향상을 위한 훈련을 하기위해서는 선수들의 특징을 에너지시스템과 근 기능에 의해 분류할 필요가 있다. 스쿼시는 무산소시스템(ATP-PC와 해당과정)에 의해 운동이 수행되며, 근 기능은 최대근력, 지구력, 파워, 스피드 등이 스쿼시 선수들이 랠리를 하는데 있어 중요한 요소라고 할 수 있다.

[스쿼시와 에너지시스템]

분류	내용
에너지시스템	무산소시스템 ATP-PC : 7초 이하 최대운동 해당과정 : 34초 + ATP-PC(7초) = 41초
근기능	최대근력, 파워, 스피드

4) 스피드 & 파워훈련

스피드, 파워훈련은 높은 강도의 훈련 사이의 긴 휴식을 취하는 형태로 대부분 속근섬유(ATP-PC)가 사용된다. 이 훈련을 통해 스쿼시 경기에서 빠르고 강한 공격과 민첩한 수비를 하는데 도움을 줄 수 있다.

[스피드 & 파워 증진을 위한 저항밴드 스트로크 훈련 프로그램]

주요 에너지시스템	운동 방법 (시간, 스트로크 수, 세트)	주기별 휴식 (cycle)
ATP-PC & 해당과정	30초 × 최대횟수 × 4Set	1주기(1분 30초) 2주기(2분 00초) 3주기(2분 30초)

5) 젖산내성 훈련

젖산이 축적되면 에너지 재합성을 억제하여 근 피로를 유발하게 되는데, 젖산내성 훈련을 통해 젖산 생성을 참아내는 능력을 향상시킬 수 있다. 스쿼시 선수들에게 있어 젖산내성 훈련은 시합 시 계속되는 랠리를 하는데 큰 도움이 된다.

[젖산내성 증진을 위한 저항밴드 스트로크 훈련 프로그램]

주요 에너지 시스템	운동 방법 (시간, 스트로크 수, 회) 전체가 한 세트	주기별 세트
해당과정	1분 cycle × 40st 3회	세트휴식 2~3분 준비기 3set 시합기 1set
	50초 cycle × 40st 3회	
	45초 cycle × 40st 3회	
	40초 cycle × 40st 3회	

두개의 저항밴드가 연결 되어있는 조끼 또는 벨트를 착용하여 빠른 방향전환(스텝) 및 스트로크 훈련을 실시한다. 조끼 또는 벨트에 연결 되어 있는 저항밴드는 뒤쪽에서 두 명의 사람이 잡아 주거나 양쪽 모서리에 고리를 사용하여 고정시켜 실시한다.

5. 순발력 훈련

1) 순발력 훈련 지침 및 목표

순발력은 파워(power)라고도 하며 순간적으로 강한 힘을 발휘하여 달리고, 뛰고, 던지는 등의 운동을 수행하는 능력으로 다양한 스포츠에서 기초가 되는 능력이다. 스쿼시는 빠르게 움직이는 공을 순간적으로 쳐내는 동작을 수행해야 하는 운동이기 때문에 순발력이 경기에 중요한 체력 요인이 된다. 순발력은 기술수준과 상관없이 경기력에 절대적으로 작용하며 기술 수준이 높아질수록 그 비중은 증가한다. 스쿼시 경기에서 많이 나타나는 신체 움직임인 비틀림, 방향전환, 점프, 스매시 등은 기초체력은 물론 전문체력을 요하는 동작들이다. 이런 복잡하고

다양한 상황에 맞춰 빠르고 정확한 동작을 수행하기 위해서는 역동적인 훈련이 수행되어야 한다. 순발력 훈련은 크게 단기적인 훈련계획과 장기적인 훈련계획으로 나뉘며, 이는 시즌 전, 시즌 중, 시즌 후에 따라 적절하게 적용되어야 한다.

플라이오메트릭 훈련의 대표적인 운동으로는 Squat Jump, Tuck Jump, 90도 Jump, Cone Jump, Bench Jump, Zig Zag Bounds 등이 있다. 이 훈련은 근력 훈련의 주기화 과정 중에서 최대근력을 좀 더 강력한 파워로 전환시키고자 할 때 실시하는 훈련이다. 전환단계인 이 훈련을 통해 계속 반복된 훈련의 지루함을 없애고 새로운 동기를 부여하는 효과를 얻을 수 있다. 특히 스쿼시 경기에서 필요로 하는 파워와 관련된 착지동작, 반응속도, 도약력, 가속과 감속 능력 등에 매우 효과적이다. 하지만 플라이오메트릭 훈련은 선수의 관절부위를 손상시킬 수 있는 가능성이 높기 때문에 지도자의 세심한 지도가 필수적이다. 또한 점프하는 높이를 줄이는 등의 강도 조절을 통해 선수에게 적합한 훈련의 강도와 양을 설정해야 한다.

2) 순발력 훈련 방법

(1) 스쿼트 점프(Squat Jump)

■ **운동 방법**

제자리에서 양 발을 어깨 넓이로 벌리고 그림과 같이 90도로 쪼그려 앉았다가 양 팔을 앞에서 뒤로 펴면서 최대한 높이 점프를 했다가 제자리로 돌아오는 것을 반복실시 한다.

■ **주의사항**

양 발은 11자가 유지 되도록 해야 하고 허리는 곧게 펴 주며 실시한다.

(2) 턱 점프(Tuck Jump)

■ **운동 방법**

두 무릎을 가슴까지 당겨서 점프했다가 다시 원래 서 있던 자리로 되돌아가는 것을 반복실시 한다.

■ **주의사항**

최대한 자리이동 없이 제자리에서 실시한다.

(3) 벤치 점프(Bench Jump)

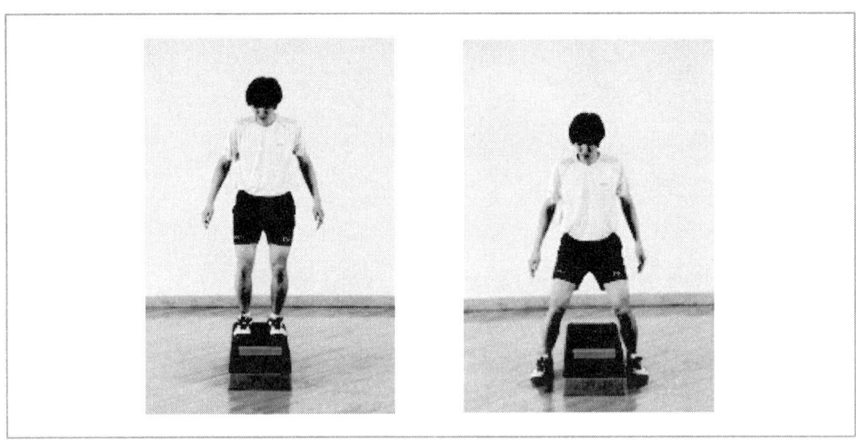

■ **운동 방법**

벤치를 양 다리 사이에 둔다. 무릎을 90도 정도로 구부렸다가 빠르게 점프해서 벤치위로 올라갔다가 바로 제자리로 돌아오는 것을 반복실시 한다.

■ **주의사항**

벤치 위에 섰을 때 상체는 구부리지 말고 반듯하게 유지한다.

(4) 콘 점프(Cone Jump)

■ **운동 방법**

콘을 바닥에 세우고 양 발을 모아 콘을 중심으로 왼쪽, 오른쪽 빠르게 번갈아 점프하는 것을 반복실시 한다.

■ **주의사항**

상체는 바닥과 수평을 이루어 하체로만 빠르게 실시한다.

(5) 지그재그 달리기(Zig Zag Bounds)

■ **운동 방법**

콘을 11자 형태로 1M 간격으로 지그재그로 세워 둔다. 그림과 같이 한 발씩 콘에 가깝게 좌 · 우로 점프하면서 이동하는 것을 반복실시 한다.

■ **주의사항**

점프한 발이 다음 콘으로 넘어 갔을 때 지면에 닿지 않도록 주의한다.

6. 민첩성 훈련

1) 민첩성 훈련 지침 및 목표

민첩성은 신체의 위치를 재빨리 바꾸는 방향전환과 같은 자극에 대한 빠른 반응 능력이다. 스쿼시와 같이 작은 공간에서 짧은 거리를 질주하고 빠르게 공격과 수비를 하기 위해서는 민첩한 동작 수행능력이 매우 중요하다. 민첩성은 중심을 잡기 위한 능력인 평형성과 관절을 정상 가동범위만큼 움직이게 해주는 유연성이 좋아야 향상될 수 있다. 만약 평형성이 좋지 못하다면 스쿼시 경기 시 방향전환을 빠르게 해야 하는 상황에서 중심을 잃게 되어 다음 동작을 수행하지 못하게 될 수 있다. 유연성이 좋지 못할 경우에도 스매싱 동작이나 먼 스탭 동작에서 충분히 관절 가동범위만큼 움직이지 못하여 동작을 제대로 완성하지 못하게 될 수 있다. 이런 문제점들로 인해 중심을 잃고 넘어져서 부상을 입게 될 수도 있는 것이다. 따라서 어떤 상황에서도 중심을 잃지 않는 평형성과 원하는 동작이 이뤄질 만큼의 충분한 유연성을 갖추는 것이 중요하다.

민첩성 훈련은 양발로 가벼운 점프하기와 같은 기초적인 방법으로 시작하여 좌우 방향 전환 점프, 한 발 중심잡기, 한 발로 점프하기 및 방향전환 하기 등으로 차츰 단계를 높여간다. 이 후 장애물 넘기, 지그재그런, 셔틀런, 십자런 등을 자주 훈련하도록 한다. 또한 플라이오메트릭 훈련인 플라이오매트릭 푸쉬업, 파워클린, 버피테스트, 사다리 인-아웃(ollie shuffle), 사다리 래터럴 핏(lateral feet drill), 사다리 트레인 트랙 스텝(train tracks), Side Stap test 등의 훈련을 첨가하여 민첩성과 동시에 파워를 향상하도록 한다. 훈련 시에는 빠르고 정확한 동작을 위해서 시간을 측정하고, 착지 지점을 제한하는 등의 과제를 주는 것이 좋다.

2) 민첩성 훈련 방법

(1) 사다리 트레인 트랙 스텝(Train tracks)

- **운동 방법**

  사다리를 그림과 같이 놓고 양 발을 번갈아 가면서 옆으로 한 칸씩 이동한다. 이때 시선은 사다리를 향하도록 한다.

- **주의사항**

  양 팔은 달리기를 하듯이 앞뒤로 흔들어 준다.

(2) 플라이오메트릭 팔굽혀 펴기(Plyometric Push up)

- **운동 방법**

  양 손을 어깨넓이 보다 넓게 바닥에 대고 양 발은 어깨넓이 만큼 벌린다. 팔꿈치를 90도로 구부렸다가 강하게 밀어 양 손이 땅에서 완전히 떨어졌다가 다시 제자리로 돌아가는 것을 반복실시 한다.

- **주의사항**

  시선은 정면이 아니라 바닥을 향하도록 하고 양 팔은 지면에서 떨어졌을 때 완전히 펴지도록 실시한다.

(3) 버피운동(Burpee)

■ **운동 방법**

차렷 자세에서 시작한다. 우선 두 손을 바닥에 짚은 후 두발을 모아 뒤로 뻗어 손 짚고 엎드린 자세를 취한다. 엎드린 자세에서 다시 두발을 모아 앞으로 끌어당긴 후 위로 점프를 한다. 이 동작들을 연결하여 반복실시 한다.

■ **주의사항**

선자세로 돌아 갈 때 반드시 바닥에 수직이 되지 않아도 괜찮으나 몸은 일직선으로 펴져야 한다.

(4) 사다리 인-아웃(Ollie shuffle)

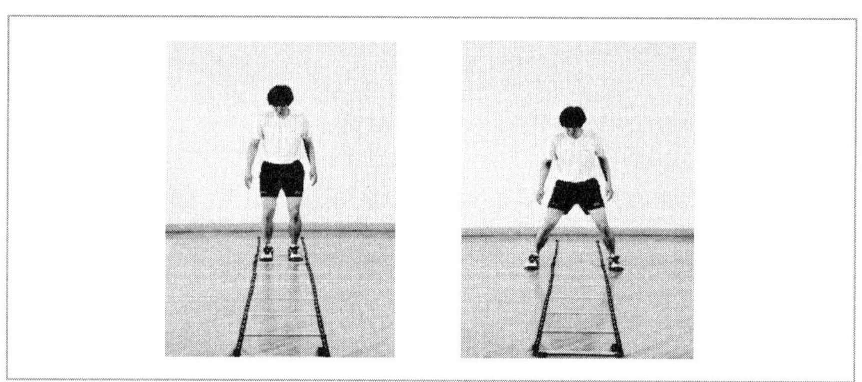

■ **운동 방법**

사다리를 다리 사이에 놓고 그림과 같이 양 발을 모아서 사다리 안에 넣었다가 한 칸 앞으로 전진 하면서 다리를 벌리는 것을 반복실시 한다.

■ **주의사항**

상체는 고정 시키고 하체로만 실시한다.

(5) 사다리 래터럴 핏(Lateral feet drill)

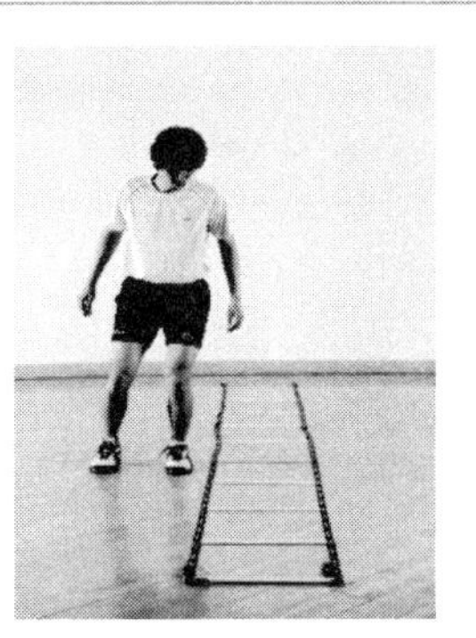

- **운동 방법**
  시선은 사다리를 향하도록 하고 양 발을 모아 앞으로 한 칸씩 좌 · 우로 통과한다.

- **주의사항**
  양 발은 항상 같이 움직여야 한다.

(6) 사이드 스텝(Side step)

- **운동 방법**
  그림과 같이 중간에서 시작하여 좌 · 우로 빠르게 왕복한다.

- **주의사항**
  좌 · 우 왕복 시 상체의 중심이 최대한 무너지지 않도록 하여 실시한다.

(7) 스트라이드 점프 크로스오버(Stride jump crossover)

- **운동 방법**

40cm 정도의 박스에 한 발을 올린 뒤 점프를 하여 반대편 발이 박스 위로 올라가도록 착지하는 동작을 왕복 10-15회 1세트로 하여 3-4 세트 실시한다. 세트 간 휴식은 1분으로 한다.

- **주의사항**

점프 후 박스에 한 발로 착지할 때 지면에 닿는 발과 함께 닿도록 하여 몸의 균형이 흐트러지거나 한 쪽으로 무리한 힘이 가해지지 않도록 한다.

(8) 뎁스 점프(Depth Jump)

- **운동 방법**

바닥이나 잔디 혹은 매트에서 60cm 정도 높이의 박스에서 뛰어 내려 착지한 후 반동으로 연속 점프를 한다. 왕복을 1세트로 하여 3-4세트 실시하며 세트 간 휴식시간은 1분으로 한다.

- **주의사항**

처음 박스에서 뛰어내릴 때 다음 동작만을 생각해서 무리하게 무릎을 굽히거나 착지할 경우 무릎에 무리가 많이 가게 되므로 충분한 완충작용 후에 다음 점프를 할 수 있도록 한다.

7. 평형성 훈련

1) 평형성 훈련 지침 및 목표

평형성은 신체가 공간에서 정적 또는 동적 자세를 취함에 있어 올바른 위치와 그 올바른 동작실현 능력을 뜻한다. 평형성은 스쿼시 경기 중에 빠르게 방향전환을 했을 때 스텝이나 스윙 시 중심을 잃지 않고 다음 동작을 수행하는데 꼭 필요한 능력이다. 만약 평형성이 부족하다면 방향 전화 시 부상을 입게 될 수도 있다. 따라서 어떠한 상황에서도 중심을 잃지 않는 평형성을 갖추는 것이 필요하다.

평형성 훈련은 짐볼을 이용한 전신 균형 잡기를 통하여 전신의 미세한 근육을 사용함으로써 신체 상 · 하, 좌 · 우 밸런스를 맞추어 스쿼시 동작을 안정적으로 수행 할 수 있도록 운동 방법을 소개하였다.

2) 평형성 훈련 방법

(1) 전신 균형 잡기(Gymball balance)

■ **운동 방법**

짐 볼에 복부 부위를 대고 양 손과 양 다리를 대각선으로 쭉 펴면서 중심을 잡는 운동이다.

■ **주의사항**

양 손과 양 다리를 펴서 버틸 때, 중심이 복부에서 상체나 하체로 이동하면 안 된다.

(2) 전신 균형 잡기(Gymball kneeling balance 1)

■ **운동 방법**

양 팔과 무릎으로 버티다가 안정이 된 상태에서 먼저 한 손을 천천히 앞으로 올려 1-2초 버틴 후 다시 내린다. 그 후 같은 쪽 발을 천천히 올려 1-2초 버티는 것을 좌, 우 반복 실시한다.

■ **주의사항**

버티는 팔과 다리는 되도록 수평이 되도록 쭉 펴서 버티는 것이 효과적이다.

(3) 전신 균형 잡기(Gymball kneeling balance 2)

■ **운동 방법**

양 무릎을 이용하여 짐 볼 위에서 균형을 잡는 운동이다.

■ **주의사항**

처음 접하는 사람은 양 손을 앞으로 팔짱을 끼거나 양 옆으로 벌려 버티는 방법도 가능하다.

8. 유연성 훈련

1) 유연성 훈련 지침 및 목표

유연성은 관절의 가동범위를 말하는 것으로 유연성이 향상되면 동작을 크고 넓게 하여 기술 동작을 효과적으로 수행하도록 해주며, 부상을 예방하는 데도 도움을 준다. 유연성은 근육의 신장성 혹은 탄력성에 의해 결정되는 데 정적 스트레칭, 동적 스트레칭 등의 여러 가지 스트레칭을 실시함으로써 향상시킬 수 있다.

정적 스트레칭은 관절 가동범위의 마지막에서 일정 시간동안 멈춰서 관절 주변의 근육과 결합조직을 능동적 또는 수동적으로 스트레칭을 하는 방법으로 상해나 근육통의 위험이 적다. 선수들의 부상을 방지하기 위해서 평소에 꾸준히 실시하되 실시 전 유산소 운동을 통해 충분한 체온 상승이 이뤄진 뒤 스트레칭을 실시하도록 한다. 동적 스트레칭은 동작을 반복하여 움직이면서 실시하는 스트레칭 방법으로 결합조직의 상해나 근육통을 예방하기 위해 너무 큰 반동을 주지 않도록 유의하여야 한다. 스쿼시 경기 특성에 맞는 동작으로 스트레칭을 구성하고 작은 동작부터 서서히 실시하도록 한다. 모든 스트레칭 실시 시에는 호흡을 멈추지 말고 자연스럽게 한다.

2) 유연성 훈련 방법

▬ 정적스트레칭

(1) 손목

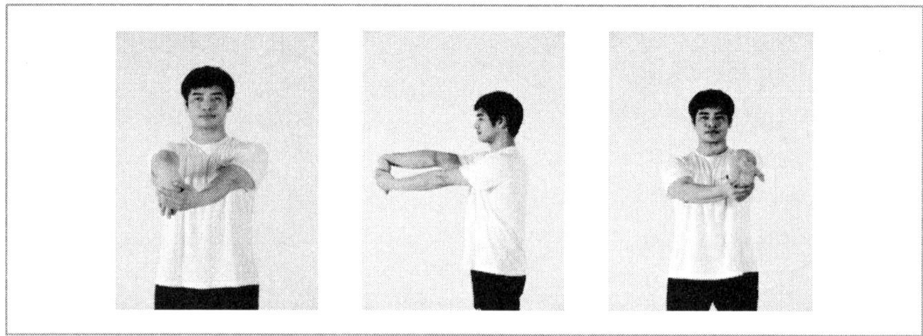

■ **운동 방법■**

스트레칭 하려는 쪽의 팔을 앞으로 곧게 뻗은 상태에서 손목을 위나 아래로 구부린 후 반대쪽 손으로 몸쪽으로 당겨준다. 반대 방향으로도 교대로 실시한다.

■ **주의사항**

손을 당길 때 상체나 팔꿈치가 구부러지지 않도록 주의 한다.

(2) 어깨 1

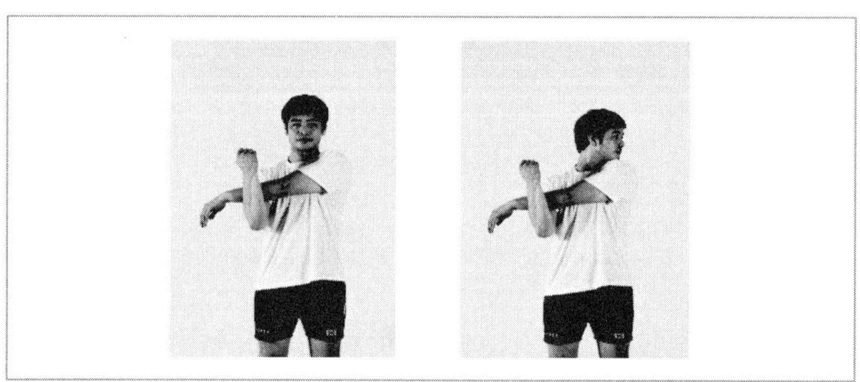

■ **운동 방법**

그림과 같이 스트레칭 하려는 쪽의 팔을 가슴 앞으로 교차하고 다른 한 팔로 가슴쪽으로 당겨준다. 고개는 스트레칭 하는 팔의 반대 방향을 향하도록 하고 좌 우 교대로 실시한다.

■ **주의사항**
상체는 좌 우 이동이 없어야 하며, 스트레칭 시간이 너무 짧지 않도록 한다.

(3) 어깨 2

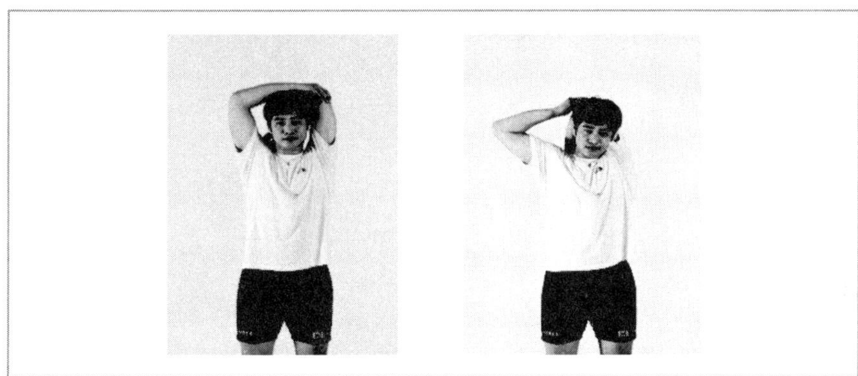

■ **운동 방법**
스트레칭 하려는 쪽의 팔꿈치를 구부린 채 들어 올리고 손을 머리 뒤쪽으로 넘긴다. 반대 손으로 스트레칭 하려는 팔꿈치를 잡고 반대쪽으로 당겨준다. 좌우교대로 실시한다.

■ **주의사항**
상체는 기울이지 말아야 하며, 팔꿈치를 구부린 손에 힘이 들어가서는 안 된다.

(4) 어깨 3

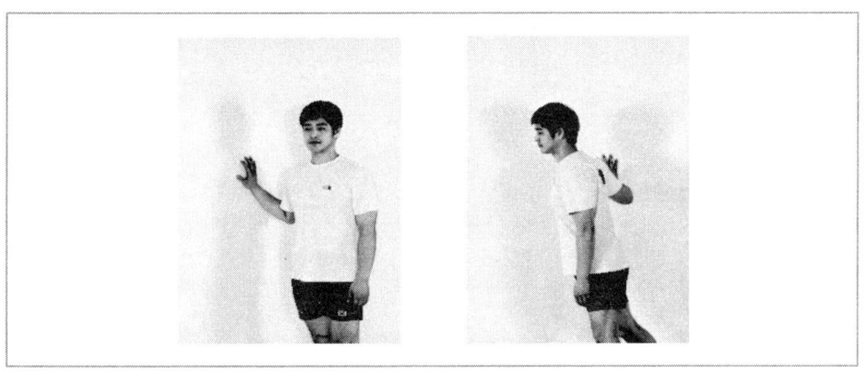

■ **운동 방법**

그림과 같이 스트레칭하려는 쪽의 손을 벽에 대고 어깨를 벽 쪽으로 눌러 준다.

■ **주의사항**

어깨를 벽 쪽으로 눌러 줄 때 중심을 살짝 앞 쪽으로 이동 하여야 더 효과적이다.

(5) 하체

■ **운동 방법**

양발을 바깥쪽으로 향하게 서서 어깨 넓이보다 넓게 벌리고 양 무릎을 구부려 준다. 양 손바닥으로 무릎을 짚고 스트레칭 하려는 어깨를 낭심 방향으로 길게 눌러준다.

■ **주의사항**

어깨를 누를 때 허리는 곧게 편 자세를 유지한다.

(6) 허리 1

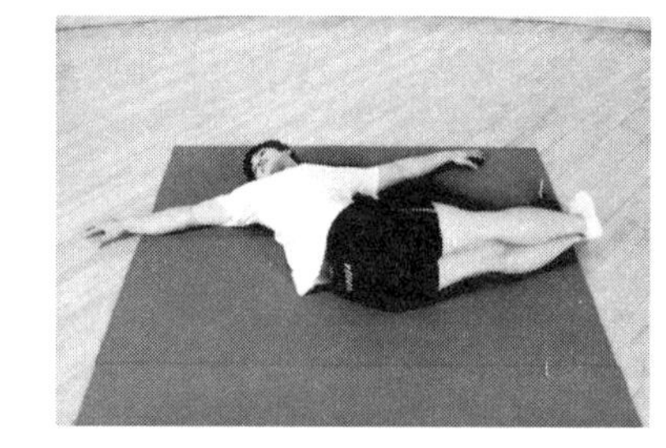 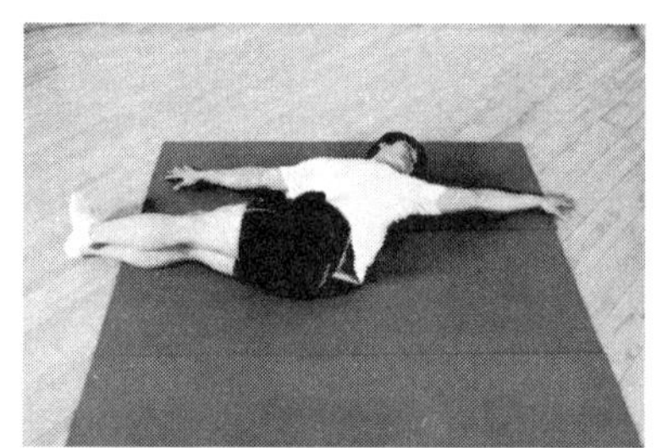

■ **운동 방법**

바로 누운 자세에서 양 팔을 어깨높이에서 바닥을 향해 벌리고 상태 양 다리를 붙여 그림과 같이 한 쪽 방향으로 돌려 늘려준다. 머리는 다리와 반대방향으로 돌려준다.

■ **주의사항**

허리에 통증이 생길 정도로 심하게 비틀지 않도록 주의한다.

(7) 허리 2

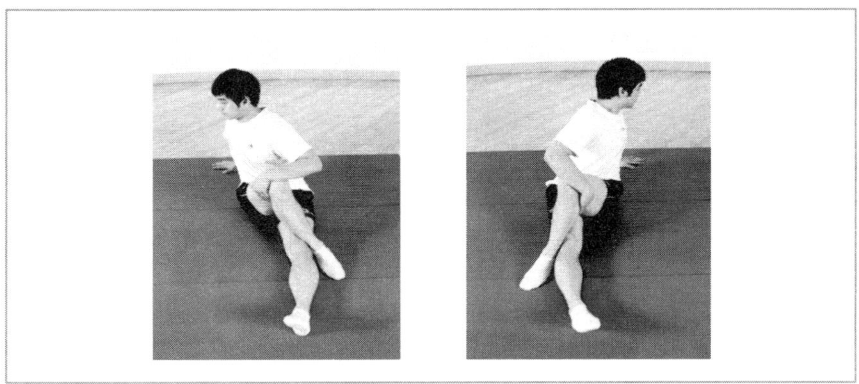

■ **운동 방법**

바닥에 앉은 상태에서 스트레칭 하려는 쪽의 무릎을 구부려 다른 쪽 다리와 교차 되도록 넘겨준다. 그림과 같이 구부린 무릎을 서서히 반대쪽으로 당기면서 상체를 천천히 회전 시킨다.

■ **주의사항**

허리에 통증이 생길 정도로 심하게 비틀지 않도록 주의한다.

(8) 하체 1

■ **운동 방법**

한 쪽 무릎을 90도로 구부려 세우고 한 쪽 다리는 최대한 펴서 뒤로 뻗어준다.

■ **주의사항**

상체가 구부러지지 않도록 주의한다.

(9) 하체 2

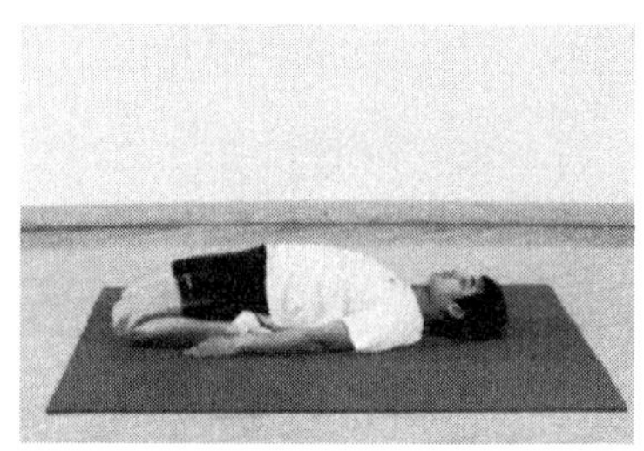

■ **운동 방법**

무릎을 꿇고 앉은 상태에서 손을 짚고 천천히 상체를 뒤로 눕힌다.

■ **주의사항**

뒤로 눕는 것인 힘든 경우에는 팔꿈치를 댄 상태에서 실시한다.

(10) 하체 3

■ **운동 방법**

1. 양 발을 모아 쭉 펴고 앉아서 상체를 앞으로 구부려 두 손이 발가락을 향하도록 한다.
2. 한 쪽 무릎을 구부려 반대 쪽 대퇴부에 올리고 상체를 앞으로 구부리면서 양손으로 아래쪽 편 다리의 발가락 부분을 잡아준다. 좌우 번갈아 실시한다.

■ **주의사항**

아래쪽 무릎이 구부러지지 않도록 한다.

(11) 하체 4

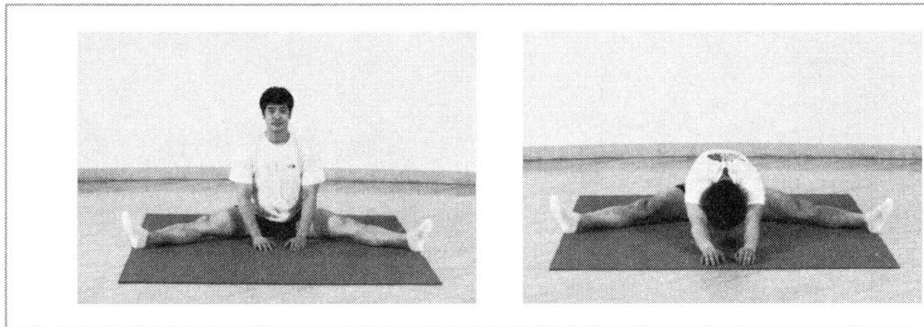

■ **운동 방법**

양 발을 쭉 편 상태에서 좌우로 최대한 벌려 앉고 상체를 앞으로 구부리면서 양 손을 최대한 앞으로 뻗으며 눌러 준다.

■ **주의사항**

이때 무릎이 최대한 구부러지지 않도록 한다.

(12) 하체 5

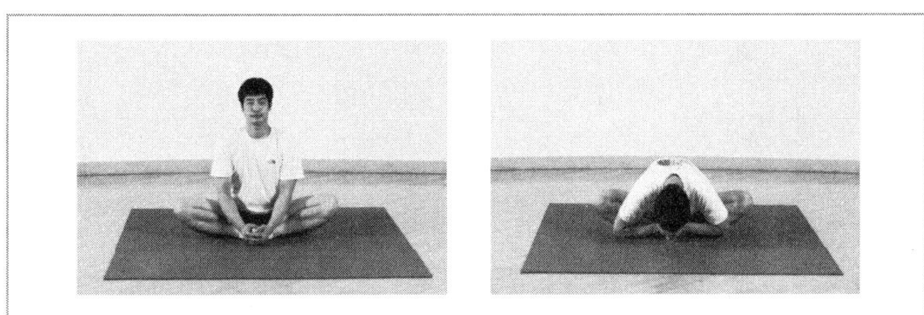

■ **운동 방법**

양 발바닥을 붙여 몸쪽으로 당기고 앉아서 천천히 상체를 앞으로 숙인다.

■ **주의사항**

양 무릎은 최대한 바닥과 가까워야 효과적이다.

■ 동적스트레칭

(1) 종아리 스트레칭

■ **운동 방법**

양 팔을 어깨 넓이보다 약간 넓게 하여 바닥에 엎드린다. 스트레치 되는 다리의 반대쪽 다리를 그림과 같이 뒤꿈치를 들어 구부린다. 스트레치 되는 쪽 발은 쭉 펴서 발바닥 전체가 바닥에 닿도록 밀었다가 다시 제자리로 오는 것을 반복한다. 좌우 교대로 실시한다.

■ **주의사항**

팔꿈치가 구부러지거나 어깨가 손보다 앞으로 나가지 않도록 주의한다.

(2) 손 짚고 걷기(Hand walk)

■ **운동 방법**

다리를 곧게 펴고 발끝과 손바닥 안쪽이 맞닿도록 손바닥으로 바닥을 짚는다. 다리를 곧게 펴고 배꼽을 배 안쪽으로 당기는 듯 한 상태를 유지하면서 손을 이용하여 앞으로 걸어간다. 손 짚고 엎드린 상태가 되면 반대로 손을 향해 다리를 앞으로 이동시킨다. 마찬가지로 다리는 곧게 편 상태를 유지하고 발뒤꿈치를 들고 발가락으로 걸어 나간다.

■ **주의사항**

무릎, 엉덩이보다는 대퇴부에 집중하도록 한다.

(3) 뒤로 런지하며 몸 비틀기(Backward lunge with a twist)

■ **운동 방법**

양발을 붙이고 선 상태에서 런지를 하듯이 오른쪽다리를 뒤로 크게 한 걸음 물러나면서 앞 쪽 다리를 구부린다. 한쪽 방향으로 완전히 몸통을 비틀고 양 팔을 위로 들어 뒤에서 밀어주듯이 등을 활처럼 젖힌다. 천천히 다시 시작 자세로 돌아왔다가 다시 반복한다.

■ **주의사항**

몸통을 비틀 때 등이 구부러지지 않도록 주의한다.

(4) 드롭 런지(Drop lunge)

■ **운동 방법**

양 손은 골반을 잡고 똑바로 선다. 엉덩이를 약간 왼쪽으로 돌리며 왼발을 오른발 뒤로 교차시키며 최대한 낮게 앉는다.

■ **주의사항**

뒤쪽 무릎이 땅에 완전히 닿지 않도록 주의한다.

(5) 스모 스쿼트 변형(Sumo squat to stand)

■ **운동 방법**

양 다리를 어깨 넓이로 벌리고 똑바로 선다. 상체를 구부려 손바닥이 지면에 닿도록 한다. 바로 엉덩이를 내리면서 가슴을 펴 준다. 다시 제자리로 돌아온다.

■ **주의사항**

손이 땅에 닿기 전에 엉덩이를 내리지 않도록 순서에 맞게 실시한다.

(6) 앞으로 구르기

■ **운동 방법**

양 손은 앞으로 곧게 펴고 양다리는 모아서 무릎을 구부린다. 상체 중심을 앞으로 옮기면서 양 손바닥으로 바닥을 짚은 후 구부린 다리를 피면서 앞으로 구른다. 다시 시작자세로 돌아와서 반복한다.

■ **주의사항**

손바닥으로 바닥을 짚을 때 너무 멀리 짚지 않도록 한다.

(7) 다리 벌려 구르기

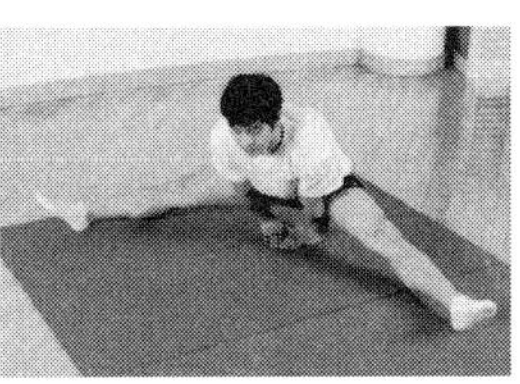

■ **운동 방법**

양 손은 바닥에 짚고 양다리는 모아서 무릎을 구부려 웅크린 자세를 취한다. 상체 중심을 앞으로 옮기면서 구부린 다리를 펴고 앞으로 구른다. 다시 일어날 때는 양 손바닥으로 바닥을 짚으면서 양 발을 최대한 벌려 엉덩이를 들어올린다. 다시 처음 시작자세로 돌아와서 반복한다.

■ **주의사항**

구를 때 시선은 바닥을 향하도록 한다.

(8) 뒤로 구르기

■ **운동 방법**

양 손을 앞으로 곧게 펴고 등이 매트 쪽으로 향하도록 하여 쪼그려 앉는다. 중심을 뒤로 이동 시키면서 양 발로 바닥을 밀면서 엉덩이부터 매트에 닿도록 뒤로 구른다. 이때 양 손바닥은 매트 쪽을 향하도록 하여 구르기의 마지막에 몸이 일어나는 것을 보조하도록 한다. 다시 처음 시작자세로 돌아와서 반복한다.

■ **주의사항**

중심을 이동 시킬 때 엉덩이와 발 사이가 너무 벌어지지 않도록 주의한다.

CHAPTER 7

상해 예방 및 재활 프로그램

SQUASH LOGBOOK

SQUASH LOGBOOK

SQUASH LOGBOOK

스쿼시 운동은 빠른 속도가 요구되는 라켓운동으로 벽면이나 라켓 혹은 상대 선수의 몸에 직접 부딪히는 손상이 발생될 수 있다. 이러한 직접손상 외에도 경기 중 발의 위치를 정확하게 위치하지 못한 상태에서 몸체의 과도한 회전이나 움직임으로 인하여 발생하는 무릎과 발목의 손상이 있을 수 있다. 이외에도 라켓을 잡은 손목이나 팔꿈치의 과사용 손상도 발생할 수 있다. 빠른 움직임을 비교적 장시간 요구하므로 경기 중 열실신이나 열탈진 등의 전신 증상의 동반도 있을 수 있어 수분 보충 등의 문제도 고려하여 탈수가 되지 않도록 하는 노력이 중요하다. 급격한 체력저하 시 손상의 빈도가 높아질 수 있으므로 체력훈련을 해두는 것 역시 중요한 부분 중 하나라고 할 수 있겠다. 이번 장에서는 손상의 예방적 접근을 위한 운동 단계와 손상 메커니즘 그리고 재활운동의 기본과정 등에 대한 내용을 다루도록 하겠다.

어떤 형태의 운동이든 반드시 준비운동, 본 운동, 정리운동의 세 단계를 거쳐 시행하게 되는데, 준비운동은 안전하고 효과적인 본 운동에 밀접한 관계를 가지고 있어 운동 중 상해 발생 유무에 결정적인 영향을 미친다고 해도 과언이 아니다.

준비운동은 심장이나 근육에 점진적인 자극을 줌으로써 혈액과 근육의 온도를 상승시키고 혈류를 빠르게 하여 각 기관의 운동능력을 향상시키는 역할을 한다. 심혈관계의 갑작스런 혈류 증가, 관절 가동 범위의 갑작스런 증가, 근육의 갑작스런 수축과 이완 등에 대해 심박수와 호흡량을 조절하고 체온을 높여 심혈관계와 혈액 순환을 대비하고 관절의 가동 범위를 늘려준다.

정리운동은 운동 후 원래의 생리적, 심리적, 상태로 돌아가기 위해 운동량을 점차로 감소시키는 과정으로 준비운동 못지않게 중요하다. 정리운동은 혈액 속에 쌓인 젖산 분해 속도를 촉진하여 피로회복에 도움이 되어 본 운동 중 갑자기 운동을 멈추었을 때의 여러 가지 부작용을 예방할 수 있다. 보통 심박수가 100~110회/분 정도로 떨어질 때까지 서서히 운동 강도를 낮추어 가는 것이 좋고, 시간은 5~15분 정도가 적당하다. 준비운동, 본 운동, 정리운동의 순으로 운동하는 것을 습관화하는 것이 상해를 예방하고 본 운동의 효과를 높여 경기력 향상으로 이어질 수 있다는 것을 기억해야 한다.

1. 준비운동과 스트레칭

1) 준비운동

근골격계 손상 예방을 위한 준비운동으로 얻을 수 있는 효과는 근육으로 가는 혈류량의 증가, 산화 혈색소 분해 촉진으로 인한 산소운반 증가, 혈관 저항 감소, 마이오글로블린으로부터 산소 유리증가, 세포대사 화학반응 촉진, 신경전달 속도의 증가, 신경반응계의 예민도 증가, 스트레치에 대한 근육 예민도 감소, 운동범위 증가, 결체조직의 유연성 증가로 인한 손상의 감소 등이 있다. 준비운동은 대개 15~30분 정도가 적당하며 신체에 과도한 무리가 없는 범위에서 약간의 땀이 나는 정도를 지표로 한다.

2) 스트레칭

스트레칭은 근방추의 구심성 흥분을 억제하고 골지건기관의 흥분을 조장하는 것으로 알려져 있다. 스트레칭 효과를 극대화하기 위해서는 몸의 자세를 정확하게 최소 30초 이상 유지한다. 특히 두 개의 관절을 지나는 근육, 즉 대퇴 뒷근육, 대퇴직근 등의 스트레칭이 중요하다. 스트레칭의 기본 원칙에는 스트레칭 전에 준비운동을 할 것, 운동 전후에 스트레칭을 할 것, 부드럽고 천천히 할 것, 긴장점까지 하지만 근육통을 유발하지 않는 범위에서 할 것 등이 있다. 과도한 신장은 근육섬유에 손상을 가져오고 여기에 상흔이 생기면 오히려 근탄력성이 감소되므로 주의하여야 한다.

2. 테이핑과 보조기

테이핑과 보조기는 불필요하고 유해한 운동을 제한하고 원하는 운동만 허용하는 작용을 하며, 고도의 위험한 운동 시 손상에 대한 예방효과를 기대하거나, 손상 후 재활기에 보호 역할을 위해 사용된다.

스쿼시 종목의 경우 편측 라켓운동이므로 라켓을 잡는 손목의 손상이 빈번하고 라켓을 잡는 쪽의 하지가 런지 자세를 취하게 되는 경우가 많으므로 발목 또한 손상이 자주 발생할 가능성이 있다. 따라서 라켓을 잡는 손목과 발목부위에 테이핑이나 보호대를 착용함으로써 손상 예방에 도움을 줄 수 있다. 그러나 보호대는 종류에 따라 착용감의 차이가 날 수 있으며, 익숙하지 않은 경우에는 원활한 동작을 하는데 방해가 될 수도 있으므로 본인에게 적합한 보호대의 선택이 중요하겠다.

3. 보호 장비

적절한 의복과 장비의 기능은 운동능력을 향상시키고 선수를 보호하는데 있다. 운동 손상은 적절한 훈련을 통하여 근육, 인대, 골격 등을 강화시켜 예방할 수 있지만, 강한 충격은 보호 장비 없이 감당하기 힘들다. 따라서 축구나 격투기 등에서는 보호 장비의 착용이 필수적이다. 보호 장비가 갖추어야 할 기본조건은 첫째, 가볍고 안락해야 하고, 둘째 착용 후에도 완전한 정상 운동범위가 가능하고, 셋째 넓은 운동범위 내에서도 보호기능을 유지하고, 넷째 착용하기에 안전하고, 다섯째, 외부충격으로부터 선수보호와 상대방에 대한 안전성이 있어야 하는 것이다.

스쿼시에서는 라켓이나 벽면에 직접 접촉에 의한 안면 손상이 발생하는 경우가 있으며, 핸드볼이나 축구, 농구와 같이 중등도의 치아 손상의 위험이 있는 스포츠로 분류되기 때문에 본인의 의사에 따라 치아 보호 장비를 사용할 수도 있다.

또한 공이나 라켓에 의한 안구 손상이 발생될 수 있으므로 안구보호장비 사용이 권장된다.

4. 생역학적 문제

라켓운동을 할 때는 내측 상과염이나 외측 상과염이 발생할 수 있는데, 이는 라켓을 잡을 때 손목의 위치와도 관련이 된다. 과도한 혹은 잘못된 백핸드 동작 시에는 외측 상과염의 발생 빈도가 높아지고 잘못된 오버헤드 스트로크 동작에서는 내측 상과염의 발생 빈도가 높아질 수 있다. 또한 그립의 크기에 따라 손상빈도가 높아진다는 보고도 있어 선수가 가지고 있는 생역학적인 문제와 더불어 라켓의 올바른 사용이 손상의 발생 빈도와도 관계가 있으므로 정확한 자세 교육이 중요하겠다.

5. 회복법

회복이 부족한 상태에서는 기량이 떨어지고, 피곤함을 느끼며 부상의 위험이 높아져 골절이나 인대 손상의 발생 빈도가 높아질 수 있다. 따라서 훈련효과를 최대화하고 손상을 최소화하기 위해서 적절한 회복은 필수적이다.

정리운동(cool down)이란 격렬한 운동 후 점차 서서히 강도를 감소시키는 운동으로 몸의 순환을 포함한 다양한 기능들이 운동전의 상태로 돌아가게 하는 역할을 한다. 운동은 30초에서 1분 정도의 조깅이나 3~5분 정도의 걷기 등이 사용되며, 피동적 회복보다는 능동적 회복이 혈액 혹은 근육 내의 젖산의 농도를 빠르게 낮추어 준다.

반신욕과 온천욕 등의 요법도 조직의 온도를 높여주어 긴장된 근육과 관절을 이완시키고 정신적인 긴장감을 해소시켜 준다는 효과가 알려져 있다. 마사지도 정맥 환류를 도와주고 감각수용체의 기계적 자극으로 인한 반사반응, 림프계의 흐름증가 등의 효과로 피로회복에 도움을 준다고 알려져 있다.

과사용 손상의 경우 특정 부위에 반복적인 통증이 발생 할 수 있다. 운동 후 관절의 가벼운 동통이나 부종이 발생할 경우에는 초기치료의 방법에 준하여 운동 후 얼음팩을 동통 부위에 압박하여 대주는 것도 손상의 진행을 막고 조직의 회복을 앞당기는 방법이라 하겠다.

6. 열관련 질환

스쿼시는 실내경기이지만 빠른 속도로 경기가 진행되므로 열관련 질환이 발생할 수 있다. 운동선수에게 있어 열사병은 단지 극단의 환경에서만 발생하는 것은 아니다. 비교적 적당한 기온 상태(예를 들어, 21도와 30% 의 상대습도)에서 전 구간을 완주한 마라톤 선수의 직장 온도가 40.5도를 넘었다는 보고가 있었다.

열관련 질환은 사소한 불편함이 생기는 것부터 시작하여 사망에까지 이를 수 있으므로 주의를 요한다. 탈수가 있을 경우는 열관련 질환의 위험이 현저하게 상승되므로 탈수가 되지 않도록 주의한다. 갈증을 느끼는 경우 몸의 수분 함량이 많이 떨어져 있는 상태이므로 갈증을 느끼기 전에 충분히 수분 섭취를 하는 것을 권한다. 열질환이 의심되면 활동을 중지시키고 최대한 신속하게 그늘지고 시원한 장소로 옮긴 후 체온을 측정한다. 만약 운동능력의 저하, 과도한 피로, 협응능력의 감퇴, 의식 혼탁 등의 증상이 있을 경우에는 최대한 체온을 낮추어야 하며 응급 수송을 하도록 해야 한다.

CHAPTER 8

스쿼시 용어 해설

SQUASH LOGBOOK

SQUASH LOGBOOK

SQUASH LOGBOOK

가

- **거짓 스윙**(disguise) : 다른 샷을 시도할 것처럼 상대를 속이는 스윙 동작
- **게임**(game) : 게임이 끝남을 알리는 표현
- **게임 볼**(game ball) : 서버가 현재 진행 중인 게임 획득을 위해서 한 포인트만을 남겨두고 있는 스코어 상황

나

- **낫 업**(not up) : 룰에 비추어 보아 볼이 정확히 타구되지 않았음을 알리는 표현. 볼이 서버나 스트라이커에 의해 정확하게 타구되지 않았을 때, 볼이 스트라이커의 신체나 혹은 스트라이커가 착용한 라켓이외의 물체에 닿았을 때, 서버가 볼을 치려는 시도를 한 번 이상 행했으나 실패했을 때, 바닥에 맞고 난 후 앞 벽에 맞았을 때를 "낫 업"이라 한다.
- **닉**(nick) : 바닥과 옆벽면이 만나는 모든 부분 (닉을 맞은 볼은 불규칙하게 바운드되기 때문에 받아치기가 어렵다)

다

- **다운**(down) : 볼이 프런트 월에 도달하기 전에 바닥에 닿거나 혹은 보드나 틴에 맞아 유효 서비스나 리턴이 되지 못한 경우를 알리는 표현
- **드라이브**(drive) : 무릎정도의 높이로 바운드되는 볼을 포핸드나 백핸드 스트로크로 강하게 치는 샷
- **드롭**(drop) : 앞벽 틴(tin) 바로 위나 닉(nick)을 겨냥해 세밀한 스핀으로 넣은 공격 샷

라

- **랠리**(rally) : 볼을 계속 주고 받는 상황

- **랭스**(length) : 코트 뒤로 깊게 떨어지는 볼
- **렛**(let) : 랠리를 다시 시작해야하는 경우
- **로브**(lob) : 코트 앞쪽에서 상대키를 높게 넘겨 코트 뒤로 떨어뜨리는 샷
- **리버스 앵글**(reverse angle) : 반대쪽 옆벽을 먼저 맞추고 반대편 코너로 볼을 떨어뜨리는 샷

마

- **매치**(match) : 두 선수 간에 이루어진 완전한 경기를 일컫는 말로, 워밍업으로 개시되어 최종 랠리를 마치고 양 선수 모두 코트에서 퇴장함으로써 종료된다.
- **매치 볼**(match ball) : 서버가 매치 획득을 위해서 한 포인트만을 남겨두고 있는 스코어 상황

바

- **방해**(obstruction) : 상대가 스윙범위 내에 있어서 스윙을 못하는 상황
- **발리**(volley) : 볼이 바닥에 닿기 전에 치는 샷
- **보스트**(boast) : 옆벽이나 뒷벽을 먼저 맞고 앞벽으로 튀는 각도 샷 크로스

사

- **서비스**(service) : 랠리의 첫번째 샷. 한발은 서비스 박스 안에 두고, 앞 벽 커트 라인과 아웃라인사이를 이용해 반대쪽 서비스 지역으로 떨어뜨린다.
- **쇼트**(short) : 앞벽 가까이서 틴(tin)바로 위를 겨냥해 짧게 밀어치는 샷
- **쇼트 라인**(short line) : 정면 벽에 평행이 되게 코크 바닥에 그어진 빨간선. 서브된 볼은 이 선 뒤쪽으로 넘어가야 한다. 앞 벽에서 5.44m, 뒷벽에서 4.26m 위치에 있는 적색 가로선
- **스키드 보스트**(skid boast) : 앞벽 가까운 옆벽 높은 곳을 맞추고, 앞벽에 튀겨 반대편 뒤 코너로 떨어뜨리는 샷

- **스톱**(stop) : 플레이를 중지시킬 때의 표현
- **스트라이커**(striker) : 상대 선수가 친 볼이 프론트 월에 맞은 직후 그 볼을 칠 차례에 있는 선수이거나 현재 볼을 치는 도중에 있는 선수. 혹은 방금 자신이 쳐낸 볼이 프론트 월에 닿는 순간까지 그 볼을 친 선수를 말한다.
- **스트레이트 샷**(straigt shot) : 직선으로 날아가는 타구
- **스트록**(stroke) : 상대가 스윙범위 안에 있기 때문에 라켓 스윙을 하지 못하는 상황
- **스트록 투 ○○○**(stroke to ○○○) : ○○○에게 스트로크를 부여함
- **슬라이스**(slice) : 볼 하단부분에 스핀을 주면서 밀어치는 스윙

아

- **아웃 라인**(out line) : 코트의 상한선을 규정하기 위해 벽 윗쪽 사면에 그어진 적색선. 이 선을 맞추거나 넘어간 볼은 "out"이 된다
- **어필**(appeals) : 주심원의 판단에 상응하여 랠리 중 볼이 "down", "not up" 또는 "out"이라고 생각하면 랠리가 끝난 다음 주심원이나 상대선수에게 어필할 수 있다.
- **어탬프트**(attempt) : 레퍼리의 판단에 스트라이커가 백스윙 자세에서 볼을 향하며 라켓을 움직였다고 생각되는 경우, 볼을 플에이 하려는 시도가 있었다고 한다. 시도했는지의 여부는 레퍼리가 판단한다.
- **앵글 샷**(angle shot) : 옆벽과 앞벽을 동시에 이용한 샷(공격적인 보스트샷)

차

- **충돌**(interference) : 선수사이에 사람끼리 혹은 라켓이나 볼로 부딪치는 신체적 접촉

카

- **커트 라인**(cut line) : 앞 벽 1.8m 높이에 적색으로 그어진 가로선. 서브는 이선 위를 맞추어야 한다.
- **컴패티션**(competition) : 경쟁, 즉 토너먼트, 리그 등 시합을 의미한다.
- **크로스 코트샷**(cross court shot) : 앞 벽면을 맞고 반대편으로 가로질러 날아 가는 타구
- **킬 샷**(kill shot) : 강하고 낮게 치는 공격적인 스트로크

타

- **틴**(tin) : 앞 벽 바닥으로 부터 0.48m 높이에 있는 부분 (맞으면 소리가 나고 "out" 된다.)

파

- **플로우트**(float) : 보통 강도로 높이 쳐서 뒤 코트에 떨어지는 볼
- **플릭**(flick) : 백스윙이나 마무리(follow-through)를 완전하게 하기 보다는 손 목을 사용해 볼을 가볍게 쳐서 방향과 속도를 결정하는 샷
- **피프틴 세컨즈**(fifteen seconds) : 게임과 게임 사이의 90초 휴식 시간에서 15 초가 남았다는 표현. 게임 준비를 알리는 신호.

하

- **하프 발리**(half volley) : 바닥에서 볼이 튀자마자 치는 샷
- **하프코트 라인**(half-court line) : 뒷벽 중간지점에서 쇼트라인 중간지점에 적 색으로 그어 진 세로선
- **하프 타임**(half time) : 워밍업 시간이 절반 경과된 시점
- **핸드 아웃**(hand out) : 서버가 리시버가 되었음을 알릴 때의 표현. 즉 다시 말 해 서버의 체인지가 일어났음을 말한다.